Ulla Rosenberger

Tolle Heilsteine von Achat bis Turmalin

EDELSTEINE FÜR KINDER

Wissenswertes, Spiele und Traumgeschichten für kleine Entdecker

Schirner Verlag

Die Ratschläge in diesem Buch sind sorgfältig erwogen und geprüft. Sie bieten jedoch keinen Ersatz für kompetenten medizinischen Rat. Alle Angaben in diesem Buch erfolgen daher ohne Gewährleistung oder Garantie seitens der Autorin oder des Verlages. Eine Haftung der Autorin bzw. des Verlages und seiner Beauftragten für Personen-, Sach- und Vermögensschäden ist ausgeschlossen.

Dieses Buch enthält Verweise zu Webseiten, auf deren Inhalte der Verlag keinen Einfluss hat. Für diese Inhalte wird seitens des Verlags keine Gewähr übernommen. Für die Inhalte der verlinkten Seiten ist stets der jeweilige Anbieter oder Betreiber der Seiten verantwortlich.

Wir verzichten auf das Einschweißen unserer Bücher – **UNSERER UMWELT ZULIEBE!**

ISBN Printausgabe 978-3-8434-1498-2
ISBN E-Book 978-3-8434-6467-3

Ulla Rosenberger:
Edelsteine für Kinder
Wissenswertes, Spiele und Traumgeschichten für kleine Entdecker – Tolle Heilsteine von Achat bis Turmalin

Schirner Verlag GmbH & Co. KG,
Birkenweg 14a, 64295 Darmstadt
E-Mail: gpsr@schirner.com

Umschlag: Simone Fleck, Schirner, unter Verwendung von #676807960 (© Snowbelle), #606100733 (© wacomka) und #254814736 (© Katerina Davidenko), www.shutterstock.com
Satz: Simone Fleck, Schirner
Lektorat: Kerstin Noack-Zakel, Schirner
Druckproduktion: Ren Medien GmbH, Filderstadt
Printed in Czech Republic

www.schirner.com

Erweiterte Neuausgabe 2021 – 6. Auflage Oktober 2025

Inhalt

HEILSTEINE VON A-Z............ 23

WISSEN, SPIELE & TRAUMGESCHICHTEN 93

Vorwort

Du bist lebendig. Und somit einmalig.

Es gibt viele Dinge im Leben. Damit meine ich vor allem jene Dinge, die von uns Menschen in großen Mengen gemacht werden, um unser tägliches Leben zu gestalten. Der Teller, von dem wir essen, ist ein solches Ding, ebenso die Schultasche und der Stift. Das alles wird entworfen und in großer Stückzahl hergestellt, damit wir das gleiche Ding in ganz Deutschland kaufen können. Wenn ein Teller zerbricht, werfen wir ihn weg und nehmen den nächsten, wenn ein Buntstift verbraucht ist, kaufen wir einen neuen. Alle diese Dinge sind austauschbar. Sie sind nicht lebendig.

Lebendiges dagegen ist niemals austauschbar. Genau wie du ist jeder einzelne Mensch auf dieser Welt einmalig. Jedes Tier, aber auch jeder Baum unterscheidet sich vom anderen. All das ist lebendig. Es ist komplett aus der Natur heraus entstanden und gewachsen. Das Gleiche gilt für die Edelsteine.

Sie sind nicht von Menschen gemacht worden, sondern stammen direkt aus der Erde. Unser Planet hat sie gemacht. Und jeder von ihnen sieht anders aus, weil jeder Stein seinen eigenen Charakter hat. Auch wenn wir das nicht gleich erkennen können, sind die Edelsteine auf ihre Weise lebendig. Das ist auch der Grund dafür, dass sie uns helfen können. Deshalb nennen wir sie Heilsteine.

Wenn du einen Edelstein hast, dann weißt du jetzt, dass du etwas ganz Besonderes besitzt. Achte gut auf ihn, wasche ihn ab und zu, und suche ihm einen guten Platz. Solltest du ihn eines Tages nicht mehr brauchen, dann verschenke ihn an einen Freund, der sich darüber freut. Und wenn er zerbricht, bringe ihn zurück in die Natur. Dann freuen sich die Pflanzen.

Steine sind uralt –

Steine als ältestes Stück Erdnatur

Unsere Erde ist eine riesengroße Kugel und besteht in ihrem Inneren aus Magma. Das ist eine sehr heiße Masse, in der alle möglichen Elemente (zum Beispiel Silizium, Sauerstoff, Eisen) verschmolzen sind. Aus diesen Elementen bestehen die Steine. Nur die äußerste Erdschicht ist fest und bildet unsere Kontinente sowie den Meeresboden. Ab und zu gibt es Risse oder Kanäle in der festen Erdkruste, und dann tritt Magma aus. Das nennen wir Vulkanausbruch.

Manche Steine sind aus diesem Magma entstanden, als es erkaltete. Sie bildeten sich entweder direkt an der Erdoberfläche oder in tieferen Erdschichten, weil das Magma dort bereits Halt gemacht hatte. Dort unten brauchte es Tausende und noch tiefer unten sogar Millionen von Jahren zum Abkühlen. Klar, dass dabei ganz verschiedene Steine entstehen konnten, je nachdem, ob die Elemente und Mineralien, aus denen die Steine bestehen, schneller fest wurden oder länger dazu brauchten.

Dann gibt es noch Steine, die »sekundär«, das bedeutet »auf einem zweiten Weg«, entstanden sind. Bei ihnen waren die einzelnen Bestandteile schon fertig und haben sich nur neu zusammengesetzt, durch Ablagerungen und Vermischungen. Auch das hat einige Millionen Jahre gedauert. Das ist eine Zeitspanne, die wir uns kaum vorstellen können. Deshalb ist es uns Menschen auch nicht möglich, echte und richtige Edelsteine selbst zu machen. Zwar werden schon lange Imitationen und synthetische Steine hergestellt, aber du kannst sicher sein, dass sie dann nicht die gleiche Heilwirkung besitzen wie echte Steine. Das ist ein weiterer Grund, weshalb wir den Wert unserer Edelsteine so hoch schätzen sollten. Sie sind in unserer Erde gewachsen, also echte Erdenkinder!

Steine gibt es überall –

Steine in Geschichten und Schriften

Es gibt viele Geschichten, in denen es um wertvolle Steine geht. Sicher kennst du »Harry Potter und der Stein der Weisen« oder »Der Zauberer von Oz«, in dem eine zauberhafte Stadt aus Smaragden eine große Rolle spielt. Auch in Märchen begegnen dir Edelsteine immer wieder, so zum Beispiel bei »Schneewittchen«, die, nachdem sie vom vergifteten Apfel gegessen hat, von den sieben Zwergen in einen Sarg aus Kristall gelegt wird, den sie bewachen. In den Geschichten aus der Erzählung »1001 Nacht« lässt sich Sindbad der Seefahrer in ein Tal voller Schlangen bringen, in dem es viele Diamanten gibt. Und Ali Baba gelingt es, vierzig Räuber zu bezwingen und an deren Schatz zu gelangen, der in einer Höhle versteckt ist.

Aber wusstest du schon, dass auch in der Bibel (Hiob 28, 16–18) Steine, wie Saphir, Onyx, Korallen, Perlen und Kristall namentlich genannt werden? Darin steht nämlich, dass Menschen alles Mögliche anstrengen, um diese Steine aus der Erde zu graben, weil sie reich werden wollen.

Dass Steine heilende Wirkungen haben, ist vermutlich schon lange bekannt, denn fast alle Naturvölker dieser Erde wissen es und nutzen dieses Wissen. Manche Steine sind sogar nach ihrer Heilkraft benannt (siehe Nephrit auf S. 74). Alte Dokumente über die Steinheilkunde gibt es zum Beispiel von der Klosterfrau Hildegard von Bingen, die im 12. Jahrhundert gelebt hat.

Du siehst, die Edelsteine haben dem Menschen schon immer gefallen – und geholfen!

Steine und ihre Formen

Fangen wir bei dem Begriff »Mineral« an. Ein Mineral ist eine gleichförmige Substanz aus Erdelementen. Als »Mineralien« bezeichnen wir alle Steine, die es in der Natur gibt. Für unsere besonders schönen und wertvollen mineralischen Schätze aus der Natur gibt es viele verschiedene Bezeichnungen: »Edelstein«, »Schmuckstein«, »Halbedelstein« usw. Der Kürze wegen verwende ich in diesem Buch die schlichte Bezeichnung »Stein«.

Die Menschen verwenden diese Steine für Schmuck, in der Industrie (zum Beispiel Diamanten in Schleifsteinen), zu Heilzwecken und für einiges mehr, wie du auf den folgenden Seiten erfahren wirst. So unterschiedlich die Steine eingesetzt werden, so verschieden sind auch die Formen, in die sie gebracht werden. Zum Beispiel bevorzugen Mineraliensammler Rohsteine, während Heilpraktiker meist geschliffene Steine für ihre Arbeit verwenden.

Echte Edelsteine sind selten völlig klar. Das, was man in ihnen sieht, nennt man Einschlüsse. Das können Risse sein, Hohlräume oder verschiedene Mineralien, die bei der Entstehung auch dort waren und mit in den Stein gewachsen sind. Diese Einschlüsse sind meist ein Hinweis auf die Echtheit deines Edelsteins.

Rohstein

Ein Rohstein ist unbearbeitet, also weder poliert noch in eine andere Form geschliffen. Rosenquarz, Jaspis und auch Obsidian sehen dann aus wie unregelmäßige Steinbrocken. Dagegen können Bergkristalle und Apophyllite in wunderschönen Kristallformen wachsen, die meist dicht beieinanderliegen. Einen Stein mit vielen Spitzen nennt man »Stufe«. Wenn Kristalle wie zum Beispiel ein Amethyst oder ein Achat einen Hohlraum bilden, spricht man von einer »Druse«.

»Stufe«

»Druse«

Trommelstein

Ein Trommelstein entsteht, wenn sich viele Steine in einer Trommel gegenseitig schleifen. Er ist dann ganz glatt. Damit das passiert, dreht sich diese Trommel mehrere Tage lang.

Handschmeichler

Diese Steine werden »Daumensteine«, »Scheiben« und »Linsen« genannt. Sie alle liegen gut in der Hand und passen wegen ihrer flachen Form wunderbar in die Hosentasche. Das ist sehr praktisch für unterwegs. Zu Hause geben dir große Handschmeichler wie »Jumbos« und »Seifensteine« viel Kraft.

Schmuckstein

Mit schönen Steinen sieht jeder Schmuck bunter und interessanter aus – egal, ob in Silber oder in Gold gefasst. Deshalb ist man dazu übergegangen, die veraltete Bezeichnung »Halbedelstein« durch »Schmuckstein« zu ersetzen.

TIPP:

Je weniger Metall die Steine in der Fassung umgibt, desto mehr von ihrer Heilkraft werden sie dir geben.

Gebohrte Steine und Donuts

Gebohrte Steine sind alle die Steine, die du wegen ihrer Bohrung als Anhänger tragen kannst.

Donuts sind rund und haben ein Loch in der Mitte, so, wie auch das gleichnamige amerikanische Gebäck.

Weitere Formen

Ob Tiere, Herzen, Eier, Massagegriffel oder Pyramiden, aus Steinen kann man fast alle Formen schleifen.

Aufbewahren –

Schöne Aufbewahrungsorte zu Hause und unterwegs

Genauso wie du ist auch dein Stein einzigartig und etwas ganz Besonderes. Deshalb ist es absolut richtig, wenn du ihm auch einen besonderen Platz geben möchtest. Um den richtigen Aufbewahrungsort zu finden, überlege, welchen Zweck der Stein erfüllen soll.

Manche legen sich zum Beispiel je einen Bergkristall in alle Ecken der Wohnung oder aufs Fensterbrett, damit der Raum eine bessere Energie bekommt. Um negative Strahlen abzuwehren, kann man Steine wie den Rosenquarz oder den schwarzen Turmalin auch an den Fernseher, den Computer und sogar unter das Bett legen. Der Stein auf dem Nachttisch gibt seine Wirkung etwa in der Höhe ab, auf der dein Kopf liegt. Das könnte ein Aventurin sein wegen der beruhigenden Wirkung. Der Stein auf dem Schreibtisch ist für die Konzentration, Arbeitslust und Ideenfindung. Der Blauquarz eignet sich hierfür gut, aber auch viele andere Steine.

Große Steine kommen mit ihrer Kraft und ihrer Schönheit am besten zur Geltung, wenn du sie auf einen gut sichtbaren und gleichzeitig sicheren Platz legst – möglicherweise in ein Regal oder in eine Vitrine. Kleinere Steine kannst du auch in einem Kästchen, einer Schale oder einem Setzkasten sammeln.

Für unterwegs eignet sich natürlich immer ein Stein in Schmuckform. Für alle, die das nicht mögen, gibt es die Steine für die Hosentaschen. Du kannst auch einen Anhänger mit einem Lederband an die Gürtelschlaufe binden und einstecken, wenn du Angst hast, ihn sonst zu verlieren. Das ist gleich viel sicherer. Vielleicht möchtest du den Stein auch als Glücksbringer in der Schule nutzen. Dann kannst du ihn an deinen Schulranzen knüpfen. Oder du brauchst einen »Taschengeldaufpasser«? Dann lege einen kleinen Stein in deinen Geldbeutel. Und für dein Handy gibt es kleine Steinanhänger, die die Strahlung vermindern sollen. So ausgestattet bist du rundum geschützt durch deine Freunde aus der Welt der Mineralien.

Reinigen und Aufladen

Reinigen

Um einen Stein zu reinigen, reicht es meist aus, ihn eine halbe Minute lang unter fließendes Wasser zu halten und ihn danach mit einem sauberen Tuch abzutrocknen. Das Reinigen kannst du etwa einmal pro Woche wiederholen. Während und nach einer Krankheit sollte er allerdings öfter gewaschen werden.

Aufladen

Die Kraft des Steins ist Millionen von Jahren alt. Er verliert sie nicht. Aber manchmal brauchen sogar Steine eine Auszeit. Dann kannst du Folgendes machen: Fülle ein Glas mit trockener Kiesel- oder Heilerde. Lege deinen Stein hinein, und bedecke ihn vollständig mit der Erde. Stelle das Glas für eine Woche in eine dunkle Ecke.

Du kannst seine Kraft auch unterstützen, indem du ihn ins Tageslicht (aber nie in die pralle Sonne!), ins Mondlicht, in einen anderen Stein mit einer Druse oder auf Bergkristallsplitter legst.

Wie wende ich Steine an?

Steine als Schmuck zu tragen, in der Hand zu halten oder bestimmte Stellen des Körpers damit zu massieren, sind gute Möglichkeiten, ihre Heilkräfte freizusetzen und zu fühlen. Manchmal genügt tatsächlich schon das Betrachten des Steins, um eine Wirkung zu erzielen. Lege ihn dazu einfach in deine Nähe, dorthin, wo dein Blick ihn findet. Eine weitere wirkungsvolle Anwendungsmöglichkeit ist das Aufbereiten von Trinkwasser:

TRINKWASSERZUBEREITUNG:

Lege eine Handvoll gereinigter Steine in etwa 1 Liter stilles Wasser, und trinke es über den Tag verteilt, bis es alle ist.
Am Ende des Tages nimm die Steine aus dem Krug, und wasche alles ab. Am nächsten Morgen kannst du dann frisches Wasser zubereiten.

AUFGEPASST!
Welche Steine für das Wasser besonders geeignet sind, steht in den Beschreibungen der einzelnen Steine.

HEILSTEINE
VON A-Z

Symbole

Jeder Steinbeschreibung in diesem Buch sind Symbole zugeteilt, mit denen du auf einen Blick sehen kannst, wofür der jeweilige Stein gut ist. Das erleichtert dir die Suche. Hier sind die zwölf verschiedenen Symbole und ihre Bedeutung auf einen Blick:

- Lernen, Konzentration
- Ruhe, Entspannung
- Immunsystem, Entgiftung
- Lebensfreude, gute Laune
- Ausdauer, Durchhaltevermögen
- Freundschaft, Kontaktfreude
- Wachstum, Entwicklung
- Kraft, Energie
- Leichtigkeit, Angstfreiheit
- Schutz, Sicherheit
- Mut, Selbstbewusstsein
- für einen Steinkreis (S. 115) geeignet
- für Trinkwasser (S. 22) geeignet

Achat

Der Achat ist ein Stein, der ganz viele verschiedene Sachen kann. Dabei kommt es ganz darauf an, wie er aussieht, also welche Merkmale er hat.

Viele bänderartige Schichten zeigen zum Beispiel, dass er schützend wirkt und der Haut guttut – auch sie hat verschiedene Schichten. Sieht der Achat aber aus wie ein Auge, ist er auch für genau dieses Sinnesorgan gut. Er hat dann eine sogenannte Augensignatur. Kleine, sich wie Pflanzen verzweigende Einschlüsse nennt man »Dendriten«. Sie reinigen den Körper von schädlichen Stoffen.

Achate mit verschieden aussehenden Schichten und Hohlräumen in der Mitte sind gut für innere Organe, insbesondere für Magen, Galle und Blase. Dann gibt es noch die hübschen »Glücksgeoden«. Das sind kleine Achate, die von außen unscheinbar aussehen und aufgeschnitten ihre kristallinen Hohlräume zeigen.

Achate sind gute Begleiter im täglichen Leben und sollen dir bei allem, was du tust, Glück bringen.

Du bekommst den Achat in fast allen Formen als Schmuck, Scheibe, Trommelstein, Handschmeichler, Donut und auch als Figuren oder gebohrt.

SEINE VERWENDUNG:

- bei dir tragen
- als Handschmeichler
- als Schmuck
- im Trinkwasser

Amazonit

Zum Amazonit kannst du immer greifen, wenn du das Gefühl hast, dass alle an dir herumziehen und du deshalb ganz schnell wütend wirst. Er kann außerdem die Aufregung bei wichtigen Prüfungen lindern und das Denken erleichtern. Bei Kummer kann er dir beistehen und dich wieder fröhlicher stimmen.

Er lockert und entspannt deinen Körper und hilft bei Muskelkater. Massiere dafür die schmerzende Stelle mit dem Amazonit.

Es gibt ihn roh und getrommelt, als Donut und als Schmuck.

SEINE VERWENDUNG:

- bei dir tragen
- als Handschmeichler
- auf den Nachttisch legen
- als Schmuck
- im Trinkwasser

Amethyst

Er ist ein sehr beliebter, vielseitiger Heilstein und sollte in deiner Sammlung nicht fehlen. Er kann schlechte Gedanken aus dem Kopf vertreiben und alles in dir so aufräumen, dass du dich wieder wohlfühlst.

Deshalb ist er am Tag genauso nützlich wie in der Nacht, in der er dafür sorgt, dass du ohne belastende Gedanken schlafen kannst. Du merkst dann, wie viel leichter dir alles fällt, weil all das Unwichtige und Störende weg ist. Das gilt auch bei körperlichem Unwohlsein, wie bei Halsschmerzen, Husten, Bauch- und Kopfweh. Denn der Amethyst befreit den Körper von Stoffen, die schädlich sind.

Der Amethyst ist in all den Formen erhältlich, von denen du in der Einleitung gelesen hast.

AUFGEPASST!

Nicht in die Sonne oder an einen warmen Ort legen. Das verträgt er nicht.

SEINE VERWENDUNG:

- immer und überall
- beim Lernen und in der Nacht in die Nähe legen

Der violette Amethyst
ein cooler Helfer für mich ist.
Er reinigt und räumt auf,
schon bin ich besser drauf.

Luisa und der Amethyst

Als ich noch jünger war, habe ich mal einen Film über Monster gesehen. Seitdem hatte ich jeden Abend, wenn ich im Bett lag, Angst, ein Monster könnte zu mir kommen und mir etwas tun. Ich hatte so große Angst, dass es sich fast ein bisschen so anfühlte, als wäre dieses Monster wirklich da.

Nachdem ich meiner Mutter davon erzählt hatte, drückte sie mir einen Amethyst in die Hand. Er war groß, glatt, rund und hatte eine intensive lila Farbe. »Dieser Stein ist ein Schutzstein«, sagte meine Mutter zu mir. »Wenn du an das Monster denkst, dann stell dir vor, dass der Stein ein helles Licht ausstrahlt, das dich umgibt und alles Böse abhält.«

Als ich mich an diesem Abend ins Bett legte, hielt ich den Amethyst in meiner Hand. Es dauerte nicht lange, bis ich wieder Angst bekam und mir Bilder des Monsters durch den Kopf spukten. Ich schloss die Hand fester um den Stein und stellte mir vor, wie ein schmaler, heller Lichtstrahl aus dem Stein herauskam und das Monster sofort erschrocken zurückweichen ließ. Der Lichtstrahl wurde breiter, wie ein Fächer, den man aufklappt. Kleine Regenbogen schimmerten in dem weiß scheinenden Lichtfächer. Ich merkte, dass das Monster schon fast gar nicht mehr da war. Da schloss sich das Licht um mich und umhüllte mich mit einem schützenden Film wie eine große Seifenblase oder eine Höhle aus hellen Decken. Ich wusste, dass mir unter dieser Schutzschicht nichts passieren konnte.

Ein paar weitere Abende nahm ich den Stein noch mit ins Bett, hielt ihn ganz fest und stellte mir das Licht vor. Ich dachte immer weniger an das Monster, und auch die Angst wurde immer kleiner. Irgendwann war sie dann ganz verschwunden, und ich konnte ohne den Stein schlafen gehen. Jetzt liegt er bei meinen anderen Steinen in einer kleinen Schachtel auf einem Regal.

Immer, wenn ich Angst vor etwas habe, zum Beispiel wenn ich abends alleine bin oder eine Prüfung in der Schule bevorsteht, dann nehme ich den Stein wieder in die Hand, setze mich an einen ruhigen, gemütlichen Platz und stelle mir vor, wie mich das helle, schützende Licht umgibt.

Apatit

Der Apatit ist wie ein Freund, der dich an die Hand nimmt und sagt: »Komm, lass uns etwas Tolles erleben.« Mit ihm traust du dich, Kontakte zu knüpfen und Dinge zu machen, vor denen du immer ein bisschen Angst hattest. Dadurch wird dein Leben bunter und fröhlicher, und du kannst sehr viel erreichen.

Er ist gut für dein Wachstum und hilft deinem Körper, neue Zellen zu bilden. Durch die Zellbildung verheilen auch Stellen, an denen du dich verletzt hast.

Es gibt den Apatit als Schmuck- und als Trommelstein, der im Trinkwasser besonders gut wirkt.

SEINE VERWENDUNG:

- als Anhänger
- im Trinkwasser

Apophyllit

Ein schöner Apophyllit sieht so klar aus, als würde er aus Wasser bestehen. Genau, wie Wasser alles sauber waschen kann, kann dieser Stein dich von Sorgen, Ängsten und Druck befreien. Du bekommst dann das Gefühl, der Raum um dich würde größer und klarer werden. Auf körperlicher Ebene hilft er bei Beklemmungen und Atemnot (Asthma).

SEINE VERWENDUNG:

- als Anhänger
- in den Raum gelegt/gehängt (klärt die Luft)

Meist bekommt man den Apophyllit recht günstig als Rohstein mit vielen kleinen Kristallen. Ein solches, natürlich gewachsenes Stück schmückt und sorgt für schöne, klare Luft im Raum.

Aquamarin

Wenn du schon mal in einem ruhigen Meer geschwommen bist, weißt du, wie leicht man sich dabei fühlt. Der Aquamarin ist in der Lage, ebenso auf dich zu wirken – als würde er dich tragen. Dadurch schaffst du es, auch die Sachen zu machen, die manchmal recht anstrengend sind. Darüber hinaus stärkt der Aquamarin deine Augen und hilft bei Allergien, wie dem Heuschnupfen.

Er ist in verschiedenen Formen erhältlich, zum Beispiel als Schmuckstein, als Trommelstein und als gebohrter Stein.

SEINE VERWENDUNG:

- auf die Haut legen (wirkt besonders gut)

Aragonit

Bist du manchmal hibbelig und kannst dich schlecht konzentrieren? Oder nervt es dich, wenn du geduldig und aufmerksam sein sollst, weil dir das so schwerfällt? Dann ist der Aragonit ein guter Freund für dich. Er hilft dir, entspannt zu sein, bei der Sache zu bleiben und weniger Fehler zu machen. Wenn du den Stein bei dir hast, wirst du auch nicht mehr so schnell nervös oder gar reizbar, weil er dir Ruhe gibt. Du fühlst dich sicher, und dich kann nichts umwerfen.

Nicht nur für die geistige, auch für die körperliche Entwicklung ist er der ideale Stein. Er fördert das Wachstum deiner Zellen, kräftigt Knochen sowie Gelenke, und er ist gut fürs Immunsystem.

Den Aragonit gibt es oft nur als Rohstein oder Trommelstein zu kaufen, doch manchmal bekommt man ihn auch als Donut.

SEINE VERWENDUNG:

- als Trommelstein im Trinkwasser
- als Donut bei dir tragen
- im Steinkreis

Aventurin

Zu viele Gedanken machen Stress und bringen dich nicht weiter. Lass Leichtigkeit zu. Der Aventurin ist dabei sehr hilfreich, ebenso am Tag wie in der Nacht. Er ist ein sanfter, freundlicher Heilstein und der beste Helfer für das Einschlafen, weil er dir hilft, alle Sorgen loszulassen. Auch bei Hautproblemen aller Art ist er geeignet, vor allem bei Allergien, Entzündungen und Sonnenbrand.

Er wird als Trommelstein, als Handschmeichler, als Donut, als Massagegriffel und als gebohrter Stein angeboten.

SEINE VERWENDUNG:

- auf alle erdenklichen Weisen
- im Trinkwasser (wirkt besonders gut)
- im Steinkreis

Baumachat

Dieser Stein ist wie ein großer Bruder, von dem du in schwierigen Situationen Hilfe bekommst. Er zeigt dir, dass du dich nicht nervös machen lassen musst und dass du selbst die Kraft hast, die täglichen Herausforderungen zu meistern. Der Baumachat schützt dich vor Krankheitserregern und kräftigt deinen Körper, vor allem dann, wenn du den Stein jeden Tag bei dir trägst.

Man bekommt ihn meist in Form eines Trommelsteins oder zum Anhänger geschliffen. Auf diese Weise kannst du ihn auch am besten einsetzen.

SEINE VERWENDUNG:

- als Anhänger

Bergkristall

Die häufigsten Elemente in der Erdkruste sind Sauerstoff und Silizium. Genau daraus besteht der Bergkristall. Das ist der Grund, weshalb es ihn so häufig gibt und weshalb wir ihn in allen Situationen gut gebrauchen können. Mit ihm fühlen wir uns mit dem Leben verbunden, mit der Kraft und mit dem Licht, also mit allem Wichtigen, das unseren Planeten seit Urzeiten stärkt. Die reinen Kristalle können auch uns klarer und reiner machen. Sie können uns das Gefühl geben, die Welt sei heller.

Bergkristalle sind wahre Kraftpakete, die fast überall eingesetzt werden können. Bei einem Bergkristall mit einer oder mit vielen Spitzen solltest du sogar ein bisschen aufpassen und die Spitzen nur dann auf dich zeigen lassen, wenn er sich mit »schöner« Energie aufladen kann, weil er zum Beispiel auf dem Fensterbrett vor dem Garten steht. Befindet er sich aber in der Nähe deines Computers, dann richte die Spitzen zur Wand oder nach draußen, damit er schädliche Wellen von dir wegleiten kann. Denn er nimmt alles auf, was um ihn herum ist, und leitet es weiter.

Es ist gut, immer einen Bergkristall bei sich zu haben. Er kann dich beruhigen und gleichzeitig stärken, er kann bei Prüfungen helfen und ebenso bei Krankheiten. Mit ihm besitzt du einen wertvollen Freund.

SEINE VERWENDUNG:

- bei dir tragen
- auf den Schreibtisch oder Nachttisch legen
- als Schmuck
- im Trinkwasser

Es gibt den Bergkristall nicht nur in der natürlich gewachsenen Form, sondern auch geschliffen.

Ina und der Bergkristall

Wir waren zu fünft und seit den frühen Morgenstunden im Wald unterwegs. Am späten Vormittag waren wir an dem Ort angekommen, an dem wir trommeln und die Natur erleben wollten. Ich nahm gerade meinen Rucksack ab, als ein stechender Schmerz durch meinen Arm fuhr. Eine Biene hatte sich in meinem Ärmel verfangen und mich gestochen.

Das war nicht der erste Bienenstich, den ich erlebte, aber dieses Mal stimmte etwas nicht. Im Laufe einer halben Stunde wurde mein ganzer Arm furchtbar dick und schmerzte immer mehr. Mir ging es gar nicht gut, und keiner hatte ein Medikament dabei. Da zog Brigitte einen wunderschönen, klaren Bergkristall aus der Tasche und meinte: »Ohne den gehe ich nirgendwohin.« Sie rieb den Stein, und es schien mir, als würde sie ein paar Worte zu ihm sagen. Dann drückte sie ihn sanft auf die Stelle, an der ich gestochen worden war. Der Stein war angenehm kühl, und es fühlte sich an, als ließe der Schmerz etwas nach. Damit der Stein an der Stelle blieb, wickelte ich ein Tuch um ihn und meinen Arm.

Nach einer Stunde ging es mir schon wesentlich besser, und als wir am späten Nachmittag den Nachhauseweg antraten, konnte ich den Bergkristall schon wieder abnehmen.

Der Bergkristall, der hat viel Kraft,
schnell alles hell und sauber schafft.
Macht er klar und frei mein Denken,
kann er alles richtig lenken.

Bernstein

Kaum ein Stein ist für Kinder besser geeignet als der Bernstein. Vielleicht liegt es daran, dass er selbst so jung ist. Er gibt dir die Leichtigkeit und Sorglosigkeit, die du als Kind haben solltest, und das Wissen darüber, was richtig ist und was nicht.

Wie für die Seele ist er auch für den Körper ein guter Heiler. Vor allem bei Zahnschmerzen, Erkältungen und Bauchweh.

Als Schmuckstein wird er sehr gerne für Ketten genutzt. Ansonsten gibt es ihn auch als Trommel- und als Rohstein.

SEINE VERWENDUNG:

- als Kette oder Armband (wirkt am besten)

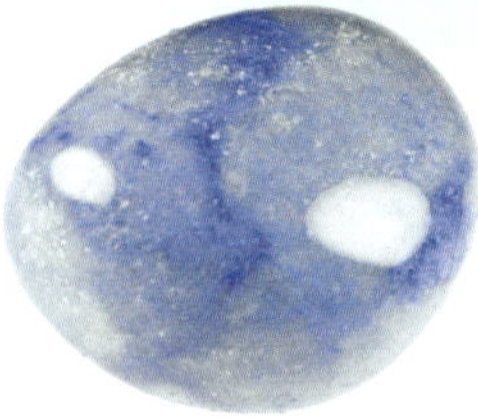

Blauquarz

Ein Blauquarz ist ein guter Hausaufgabenhelfer. Mit ihm fällt es dir leichter, dich an den Schreibtisch zu setzen und eine Aufgabe nach der anderen zu lösen, ohne dass du dabei verkrampfst.

Auf körperlicher Ebene kann er heiße, pochende Wunden beruhigen und dabei helfen, Fieber zu senken.

Die meisten Blauquarze, die du im Handel bekommst, sind entweder Trommelsteine oder Donuts.

SEINE VERWENDUNG:

- bei dir tragen
- auf den Schreibtisch legen
- im Steinkreis
- im Trinkwasser

Calcit

Dieser Stein besteht, wie sein Name schon sagt, zum größten Teil aus Calcium. Der Körper braucht dieses Element für sein Wachstum, deshalb ist es für eine gesunde Entwicklung bei Kindern so wichtig. Der Calcit fördert auch dein geistiges Wachstum. Er schenkt dir damit Selbstsicherheit und Kraft. Nach anstrengenden Zeiten baut er dich wieder auf.

Im Handel ist er als Rohstein, Handschmeichler und in geschliffener Form als Schmuck erhältlich.

SEINE VERWENDUNG:

- als Anhänger
- im Steinkreis
- im Trinkwasser

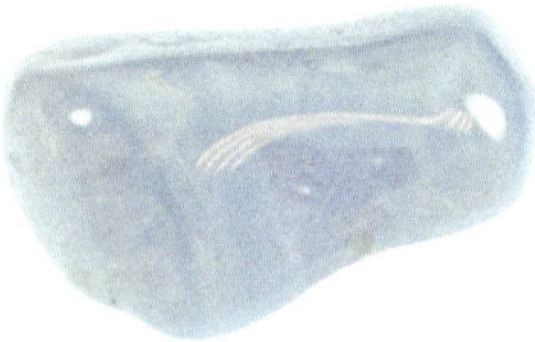

Chalcedon

Es gibt viele verschiedene Chalcedone. Wir wollen uns auf den schönen blauen konzentrieren: Man nennt ihn den »Rednerstein«, weil es mit ihm besonders leichtfällt, sich klar und deutlich auszudrücken und immer die richtigen Worte zu finden. Das kannst du in einer Prüfung in der Schule genauso gut gebrauchen wie beim Umgang mit Freunden. Außerdem lindert er Heiserkeit und lässt Halsschmerzen abklingen.

Es gibt ihn in vielerlei Formen, zum Beispiel als Schmuckstein, als Trommelstein, als Donut und als gebohrten Stein.

SEINE VERWENDUNG:

- als Kette (wirkt besonders gut)

Charoit

Neben seiner lila Farbe zeigt der Charoit oft ein recht lebhaftes Muster, das man als »Durcheinander« bezeichnen könnte. Doch in dir bewirkt er das Gegenteil. Selbst wenn du einen großen Berg vor dir hast, der abgearbeitet werden muss, seien es Hausaufgaben oder Zimmer aufräumen, der Stein hilft dir, dort anzufangen, wo es am leichtesten ist und Schritt für Schritt alles nacheinander zu erledigen. Mit ihm fühlst du dich kraftvoll und weniger angreifbar, auch in Zeiten, die schwerer sind. Ein starker Freund, der zeigt, dass es immer einen Weg gibt und du keine Angst zu haben brauchst.

Der Charoit verhilft zu einem guten Schlaf, stärkt das Immunsystem und hilft dem Körper beim Abbau von zu viel Säure. Er lindert Krämpfe und Schmerzen, ist also auch ein guter Stein gegen Muskelkater.

SEINE VERWENDUNG:

- bei dir tragen als Kette, Armband oder Anhänger

Es gibt ihn oft als schönen Anhänger, den du am Lederband tragen kannst, aber auch als Trommelstein für die Hosentasche.

Chrysokoll

Er ist der »Coole« unter den Steinen und hilft dir, klar und ruhig zu bleiben. Mit ihm kannst du selbst in brenzligen Situationen immer die Nerven behalten und das Richtige tun. Er wirkt entspannend und befreit von Krämpfen. Er kann überschüssige Hitze, wie zum Beispiel Fieber und Entzündungen, aus dem Körper leiten. Besonders gut eignet sich dafür ein Anhänger oder ein Handschmeichler, den du in der Hosentasche tragen und häufiger anfassen kannst. Man bekommt den Chrysokoll als Trommelstein und als Schmuck.

SEINE VERWENDUNG:

- als Anhänger
- als Handschmeichler

AUFGEPASST!

Der Chrysokoll ist **nicht** für das Trinkwasser geeignet. Außerdem ist er manchmal spröde und sollte nicht auf den Boden fallen.

Chrysopras

Er kann schlechte Gedanken und sogar Albträume verscheuchen. Wie eine sanfte Wolke umhüllt er dich mit einem Schutz, in dem du dich wohl- und geborgen fühlst.

Der Chrysopras kann Ungesundes aus deinem Körper leiten und so die Krankheiten verhindern, die du ansonsten bekommen könntest. Er hilft auch bei Hautkrankheiten wie der Neurodermitis.

Den Chrysopras gibt es als Schmuck, der meist sehr teuer ist, und außerdem in Form von Trommelsteinen.

SEINE VERWENDUNG:

- vielseitig, zum Beispiel im Trinkwasser

Citrin

Der Citrin ist der »Glücklichmacher« unter den Steinen. Er löst Anspannung und Traurigkeit und lässt dir die Welt wieder schön erscheinen. Er gibt dir frischen Mut und schenkt dir Freude an deinem Leben. Er nimmt dir den Druck vom Magen und wärmt deinen Bauch, damit dieser nicht mehr länger wehtut. Lege ihn dafür einfach auf die Stelle, wo der Magen ist, und lasse ihn eine Weile dort. Trage ihn danach als Schmuck, oder platziere einen Handschmeichler auf der Haut.

Es gibt den Citrin als Trommelstein und gebohrt. Häufig wird Schmuck aus ihm gemacht.

SEINE VERWENDUNG:

- auf die Haut legen
- als Schmuck
- im Trinkwasser

Diamant

Wenn jemand über »Härte 10« spricht, dann handelt es sich um das mit großem Abstand Härteste, was es auf unserer Erde gibt: den Diamanten. Und wenn er richtig geschliffen ist, dann ist er in der Lage, das ganze Licht, das in ihn hineinfällt, zu reflektieren, also zurückzuwerfen. Mit jedem Lichtblitz zeigt er dir, wie wertvoll du bist und was du alles kannst. Der Diamant schärft deinen Verstand und lenkt deine Kraft, damit du das Richtige tun kannst. Weil der Diamant ungeheuer stark ist, reicht dafür schon ein kleiner Stein aus.

Sei beim Kauf eines Rohdiamanten nicht zu sehr enttäuscht, er ist oft recht teuer und sieht trotzdem unscheinbar aus. Entscheidest du dich dennoch für ihn, wirst du es sicher nicht bereuen.

SEINE VERWENDUNG:

- oft in die Hand nehmen
- als Anhänger

Ein Diamant erzählt

Hallo Kinder,
vielleicht habt ihr noch nie von mir gehört, aber ich bin ein echter Weltstar. Ich bin einer der größten Diamanten, die es gibt, und mein Name ist Koh-i-Noor. Geboren wurde ich vor Tausenden von Jahren und verbrachte die meiste Zeit schlafend in einem Berg in Indien.

Eines Tages, es war 300 Jahre vor eurer Zeitrechnung, wurde ich von einem Abenteurer gefunden, der sich auf der Suche nach Schätzen durch die Erde buddelte. Der Mund und die Augen standen ihm vor Staunen offen, als er mich betrachtete. Vorsichtig wickelte er mich in ein Tuch und brachte mich zu einem Mann, den man »Ashoka« nannte und der damals ein Held war, weil er für die Menschen kämpfte. Ich wusste natürlich gleich, dass ich ihm dabei helfen sollte, was ich dann auch tat. Ich begleitete ihn überallhin und brachte ihm Glück, wie es sich für einen guten Edelstein gehört. Bald wusste ganz Indien von mir, und ich wurde seitdem immer wieder gebeten, den indischen Herrschern beim Regieren zu helfen.

Ihr müsst wissen, dass ein Diamant ewig leben kann und 1000 Jahre für mich ungefähr so lang sind wie für euch ein paar Tage. Deshalb war es für mich auch nicht verwunderlich, dass mich auch Ala-Ed-Din Kilji, genau wie bereits Ashoka, auf seinen Feldzügen bei sich trug, obwohl inzwischen 1600 Jahre vergangen waren.

Im Jahre 1526 kam der Sultan Babur und wurde Herrscher von Hindostan. Sein Sohn Humagum wurde der erste Mogul. Das ist so eine Art König in Indien. Auch in den Palästen der Mogule war das Leben sehr angenehm, denn dort gab es viele Steinfreunde, mit denen ich zusammen meine Zeit verbrachte. Später durfte ich sogar das Auge des Pfaues im berühmten Pfauenthron sein. Das war eine große Ehre.

Was mir hingegen nicht so gefiel, waren die ewigen Streitereien, die es meinetwegen unter den Menschen gab, weil mich keiner mehr hergeben wollte. Ich wartete also auf einen guten Moment, um aus diesem Palast abzuhauen. Schon 213 Jahre später, also im Jahre 1739, war die Gelegenheit günstig. Da eroberte der Schah Nadir aus Persien die Stadt Delhi und wollte, dass ich zu ihm komme. Ich ließ ihm von einer Haremsdame ausrichten, dass ich mich im Turban des Moguls Mohammed versteckte. Also ging Nadir zum Mogul und sagte zu ihm: »Lass uns zum Zeichen der Freundschaft die Turbane tauschen.« Das durfte der Mogul Mohammed auf keinen Fall ablehnen, denn das wäre einer Kriegserklärung gleichgekommen. Was glaubt ihr, wie der sich geärgert hat … Auf diese Weise kam ich also zu Schah Nadir. Als er mich aus dem Turban befreite, war er von meinem Leuchten so geblendet, dass er laut rief: »Koh-i-Noor«, das bedeutet so viel wie »Berg des Lichts«. Damit hatte er mir meinen Namen gegeben.

Anschließend war dauernd etwas los. Ich hatte das Gefühl, dass sich meinetwegen viele Leute stritten, was einen wirklich nerven kann. Ich wollte wieder weg – weit weg. Also begab ich mich im Jahr 1850 auf die weite Reise nach England, zu der damaligen Königin Viktoria.

In England war es nicht so hell und bunt wie in Indien, weil es dort sehr oft regnete oder neblig war. Die Königin riet mir von Anfang an, mir einen besseren Schliff machen zu lassen, damit die indische Sonne aus mir herausstrahlen konnte. Das war ein kluger Rat. Seitdem bin ich mit 108,93 Karat zwar leichter als vorher, aber ich funkle schöner als jemals zuvor.

Danach bekam ich neben anderen bekannten Diamanten einen Ehrenplatz in der Königskrone von England. Wenn ihr mal nach London in den »Tower« kommt, könnt ihr mich ja besuchen!

Liebe Grüße
Euer Koh-i-Noor

Dumortierit

Der Dumortierit hilft dir bei Mutlosigkeit und bei niedergedrückten Stimmungen, vor allem bei solchen, die immer wiederkommen, weil all die anderen »Trostpflaster« nicht richtig helfen. Er lässt dich das Leben etwas leichter nehmen, was auf Englisch »take it easy« heißt. Deshalb wird dieser Stein häufig auch so genannt.

Der Dumortierit wirkt entspannend und beruhigend. Du kannst dich durch ihn besser konzentrieren und erfolgreicher lernen. Er hilft auch bei Kopfschmerzen und Durchfall.

Im Handel gibt es schöne Handschmeichler, aber auch gebohrte Steine, die du als Anhänger tragen kannst.

SEINE VERWENDUNG:

- bei dir tragen
- im Steinkreis
- im Trinkwasser

Epidot

Der Epidot ist der Stein, der dich nach einer Krankheit oder einer schweren Zeit wiederherstellt. Er begünstigt eine schnelle Heilung nach Krankheiten und stärkt dein Immunsystem, sodass du gesund bleibst. Er gibt dir den Willen für neue Projekte sowie Ideen und verleiht dir die Kraft, sie zu verwirklichen. Wiederaufbau, Regeneration und Heilung sind seine Stärken.

Der Epidot ist als Trommelstein, Handschmeichler, Donut, gebohrter Stein und in Form von Figuren erhältlich. Ebenso vielfältig kannst du ihn einsetzen.

SEINE VERWENDUNG:

- im Trinkwasser (wirkt besonders gut)

Falkenauge

Mit dem Falkenauge hast du einen guten Lern- und Konzentrationsstein in der Hand. Du überblickst damit die Menge deiner Aufgaben und weißt, wie du sie am besten lösen kannst, damit du zu guten Ergebnissen kommst. Dieser Stein ist hilfreich bei Nervosität und deren Begleiterscheinungen.

Das Falkenauge gibt es zum Beispiel als Donuts sowie in gebohrten Formen, die du als Anhänger oder, an ein Band gebunden, in der Hosentasche tragen kannst.

SEINE VERWENDUNG:

- bei dir tragen
- auf den Schreibtisch legen
- als Anhänger

Flint

Der Flint ist auch bekannt als Feuerstein. Die Steinzeitmenschen haben mit seiner Hilfe Feuer gemacht. In dir stärkt er die Lust, dich mit anderen Menschen auszutauschen. Er fördert deine Ausdrucksmöglichkeiten und hilft dir, zuzuhören. Darüber hinaus hilft er bei Hautproblemen und bei verschiedenen Entzündungen in Mund und Rachen.

Es gibt ihn meist als Roh- oder Trommelstein zu kaufen.

SEINE VERWENDUNG:

- sooft es geht bei dir tragen
- im Steinkreis

Fluorit

Sein Thema ist »im Fluss sein«, was bedeutet, dass es dir mit ihm leichtfällt, immer das zu machen, was gerade »dran« ist. Du konzentrierst dich in der Schule und bei den Hausaufgaben auf das Lernen. Du bist aufmerksam, wenn du im Gespräch mit anderen Menschen bist. Du kommst in die Entspannung beim Spielen oder Ausruhen, und du nimmst neue Sachen mit Neugierde und Freude auf.

Der Fluorit ist gut für die Zähne und die Knochen. Er ist in fast allen Formen erhältlich und genauso verschieden einsetzbar. Du bekommst ihn als Trommelstein, Handschmeichler und in Form von Schmuck.

AUFGEPASST!
Er ist manchmal spröde und zerspringt leicht bei Druck, nach einem Stoß oder einem Fall.

SEINE VERWENDUNG:

- bei dir tragen
- im Trinkwasser
- auf den Schreibtisch legen

Fossilien

Allen Fossilien gelingt es, uns Menschen mit dem zu verbinden, was unser Leben auf der Erde von Anfang an ausmacht. Sie vermitteln dir eine so tiefe Ruhe und Selbstverständlichkeit für dein Sein, dass dich darin keiner erschüttern kann. Aus diesem Grund können sie dich schützen und dir eine stabile Sicherheit geben. Du stehst damit fest auf dem Boden.

Im Handel bekommst du sogenannte Ammoniten, die so ähnlich aussehen wie Schnecken, Orthocera, die auch Geradhörner genannt werden, Turitella, die an längliche Schnecken erinnern, und versteinertes Holz.

IHRE VERWENDUNG:

- bei dir tragen

Gips

Dieses Mineral gibt es in der Natur sehr häufig. Du kennst es bestimmt aus der Medizin. Dort wird der Gips zermahlen und zur Schienung von Knochenbrüchen eingesetzt. Bekannte, natürlich gewachsene Gipsformen sind Alabaster, Selenit und Sandrosen. Sie alle stehen für Stabilität. Mit der Hilfe von Gips gelingt es dir, Interesse an geliebten Menschen zu zeigen und dich gleichzeitig zu schützen, wenn es nötig ist. Er vermittelt das Gefühl von Wärme und Sonne. So wirkt sogar der weiße Selenit, der aussieht wie Eis.

Die Sandrosen gibt es häufig in roher und den Selenit in geschliffener Form.

AUFGEPASST!
Gips ist sehr weich und lässt sich sogar mit dem Daumennagel zerkratzen.

SEINE VERWENDUNG:

- in die Hand nehmen

Glimmer

Dieses Mineral besteht aus vielen, sehr dünnen, fast durchsichtigen Plättchen, die nur schwach miteinander verbunden sind. Auf und zwischen diesen Plättchen spiegelt sich das Licht tausendfach, was den Stein ganz zart funkeln lässt. Zu den Glimmern gehören viele Steine mit eigenem Namen, wie zum Beispiel Fuchsit und Lepidolith, doch alle sind sie bekannt für ihre schützende Wirkung.

IHRE VERWENDUNG:

- auf den Schreibtisch oder den Nachttisch legen

Stelle dir einen Zauberschild aus vielen Schichten vor, der dich vor dem schützt, was dir nicht guttut. So ähnlich wirken die Glimmer. Mit ihnen bist du sicher vor denen, die dich mit Machtspielchen provozieren wollen und bleibst furchtlos und gelassen. Sie stärken deine Fantasie und geben dir neue Ideen.

Lepidolith

Glimmer entgiften, stärken das Immunsystem, reinigen und heilen die Haut und halten das Nervensystem fit.

Fuchsit

Sie sind im Handel zumeist roh, Fuchsit und Lepidolith auch als Trommelsteine erhältlich. Manchmal bröseln sie etwas. Lege sie so nah wie möglich zu dir.

Granat

Der Granat ist einer der wichtigsten Steine für Neubeginn und Durchhaltevermögen. Manchmal wird man aus seinem vertrauten Leben gerissen (durch einen Umzug, einen Schulwechsel oder familiäre Veränderungen) und muss sich anstrengen, all das Neue zu bewältigen. Der Granat verhilft dir zu Mut und Zuversicht, zu Kraft und Energie für all das, was kommt. Er hilft dir dabei, alles zu verstehen, und gibt dir Ideen für die neuen Lebensumstände und die Lust daran, sie wahr werden zu lassen. Er macht vital und aktiv. Deshalb ist er besser für den Tag geeignet.

Weil der Granat meist in kleinen Kristallen wächst, wird er oft in seiner Naturform angeboten.

SEINE VERWENDUNG:

- am Körper tragen (wirkt am besten)

Hämatit

Der Hämatit ist ein echtes Powerpaket. Du fühlst dich mit ihm fast so, als hättest du einen Zaubertrank probiert. Dieser Stein besteht zum größten Teil aus Eisen, womit er dir Kraft und Energie schenkt, die dich durch den ganzen Tag begleiten. Gleichzeitig ist er ein Schutzschild gegen Dinge, die dich schwächen und müde machen. Er hilft, dein Blut zu erneuern und den Körper zu kräftigen.

Es gibt ihn als Schmuck, Trommelstein, Handschmeichler, Donut, gebohrten Stein und in vielen weiteren Formen.

SEINE VERWENDUNG:

- in der Hosentasche tragen

AUFGEPASST!
Sollte dieser Stein zu stark für dich sein, dann steige um auf Tigereisen (S. 89).

Heliotrop

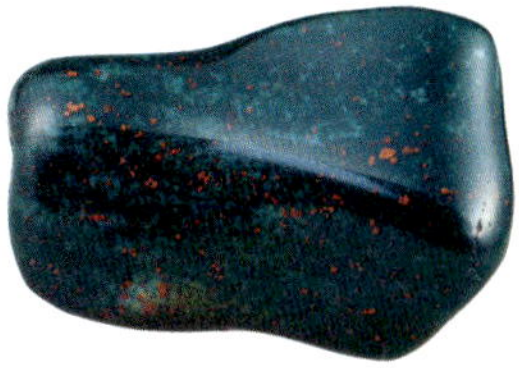

Der Name dieses Steins bedeutet so viel wie »die Sonne reflektierend«. In dieser Eigenschaft vermittelt er dir innere Wärme und Sonne und gibt dir gleichzeitig den Schutz gegen all jenes, was »die Sonne scheut«, was dir nicht guttut.

Der Heliotrop wirkt ausgleichend, schmerzlindernd, entgiftend und stabilisiert darüber hinaus die Immunabwehr. Bei kleinen Wunden kann er sogar die Blutung stillen.

Am besten kommt er als Handschmeichler zur Geltung.

SEINE VERWENDUNG:

- am Körper tragen
- im Steinkreis
- im Trinkwasser

Jaspis

Es gibt eine Menge verschiedener Jaspisarten. Ihnen allen wird eine erdende Wirkung zugeschrieben. Das bedeutet, dass sie dir helfen, in der Realität zu leben und nicht nach Wolkenkuckucksheim zu verschwinden. Der rote Jaspis verleiht Willenskraft, Mut und den nötigen Nachdruck für das, was du erreichen möchtest. Der gelbe und der braune Jaspis lassen dich mit mehr Ruhe und Ausdauer weiterkommen. Jaspissteine in dunklen Farben geben dir Schutz und Stabilität. Der Eldarit ist zum Beispiel für die Ausgeglichenheit gut.

Alle diese Sorten reinigen den Körper und machen ihn stark gegen Krankheiten.

Der Jaspis wird selten als Rohstein angeboten und noch seltener in Silber gefasst. Ansonsten bekommt man ihn aber in jeder Form.

SEINE VERWENDUNG:

- bei dir tragen
- im Trinkwasser
- im Steinkreis

Karneol

Mut, Tatkraft und gute Laune – wann immer du etwas davon brauchst, ist der Karneol der richtige Stein für dich. Er kann dir zudem bei der Verständigung mit anderen Menschen helfen, damit du deine Ideen, Standpunkte und Herzenswünsche deutlich machen kannst. Der Karneol kurbelt die Verdauung und den Stoffwechsel an und hilft bei Energiemangel in allen Teilen des Körpers.

Kaufen kannst du den Karneol in Form von Schmuck, Trommelsteinen, Figuren und vielem mehr.

SEINE VERWENDUNG:

- bei dir tragen
- im Trinkwasser
- im Steinkreis

Koralle

Die Koralle ist ein Produkt aus Kalk, das winzige Meereslebewesen in Gemeinschaftsarbeit gemacht haben. Das erklärt, warum die Koralle den Gemeinschaftssinn und ein positives Miteinander stärkt. Sie ist außerdem in der Lage, Spannungen und Ängste abzubauen. Die Naturvölker setzen die Koralle ein, um Knochenbrüche schnell und gut verheilen zu lassen.

Die Edelkoralle steht unter Artenschutz und darf nicht mehr abgebaut werden. Deshalb beschränken wir uns auf die Schaumkoralle (Wurzelkoralle) und die Bambuskoralle, die häufig vorkommen. Beide leisten gute Dienste beim Heilen.

Sie sind als Ketten und Armbänder, manchmal auch als Trommelsteine erhältlich.

IHRE VERWENDUNG:

- am Körper tragen

Korund

Der Korund ist ein sehr hartes Mineral, das Saphir genannt wird, wenn es größtenteils blau ist. Rubin heißt er immer dann, wenn er eine schöne rote Farbe hat. Man könnte also sagen, dass Rubin und Saphir Geschwister sind und ihr Familienname »Korund« ist.

Rubin und Saphir können dir zeigen, dass du etwas Besonderes bist, aber auch, dass es wichtig ist, für andere da zu sein. Der Rubin setzt dafür enorme Energie und Tatkraft in dir frei und der Saphir ganz viel Gedankenkraft und Wissen. Der Rubin stärkt den Kreislauf und hilft gegen kalte Füße. Der Saphir kann dir bei Sehschwäche, Nervenschmerzen und bei entzündeten Sinnesorganen helfen.

Beide Korundarten werden meist zu Schmuck verarbeitet und sind recht teuer, wobei der Rubin leichter zu bekommen ist.

SEINE VERWENDUNG:

- bei dir tragen
- im Trinkwasser

Labradorit

Der Labradorit schafft es, deine Ideen lebendig zu machen, und er gibt dir den nötigen Antrieb, sie umzusetzen. Gleichzeitig lässt er dich die Umsetzung besonnen und überlegt angehen. Das macht den daraus entstehenden Erfolg meist so vielfältig wie das Lichtspiel dieses Steins.

Der Labradorit kann den Körper entsäuern und den Blutdruck senken. Man sagt, dass er sogar Löcher in der Aura des Menschen schließen kann. Das heißt, er wirkt da, wo in deinem Körper die Energie blockiert ist.

Er ist in geschliffener Form und als Schmuckstein erhältlich.

SEINE VERWENDUNG:

- oft bei dir tragen
- auf die Haut legen
- im Trinkwasser

Lapislazuli

Damit du dich traust, all das zu sagen, was du schon immer mal sagen wolltest, und damit du den Mut hast, dich gegen etwas auszusprechen, was du nicht willst, trägst du am besten einen Lapislazuli bei dir. Er hilft dir, die Person zu sein, die du wirklich bist. Er kann deine Sprache und deine Wortwahl verbessern, Halsschmerzen, Heiserkeit, Husten lindern und den Blutdruck senken.

Es gibt ihn in Form von Schmuck und als Trommelstein. Eine schöne Qualität ist beim Lapislazuli meist etwas teurer.

SEINE VERWENDUNG:

- am Hals tragen, als Kette, als Anhänger

Larimar

Dieser schöne Edelstein vereint Fähigkeiten miteinander, die ihn für alle Kinder zu einem wichtigen Heilstein machen. Er vermittelt eine liebevolle, heilsame Energie, die dein Gemüt beruhigt und deine Gedanken klar werden lässt. Er löst Angst und Niedergeschlagenheit auf und gibt dir Lebendigkeit und tolle Ideen zurück. In Zeiten, in denen alles anders ist als normal, spürst du dennoch inneren Frieden und hast frische Einfälle, die dein Leben großartig machen. In der Nacht sorgt der Larimar für ruhigen Schlaf und am Tag für Unternehmungslust. Er schützt dich vor falschen Freunden und hilft bei Heim- und Fernweh.

Der Larimar beschleunigt dein geistiges und körperliches Wachstum, mobilisiert die Selbstheilungskräfte, stärkt die Knochen und lindert Halsschmerzen.

SEINE VERWENDUNG:

- als Anhänger oder Armband tragen

Meist wird er zu Schmuck verarbeitet, deshalb mein Tipp: als Anhänger oder Armband tragen.

Magnesit

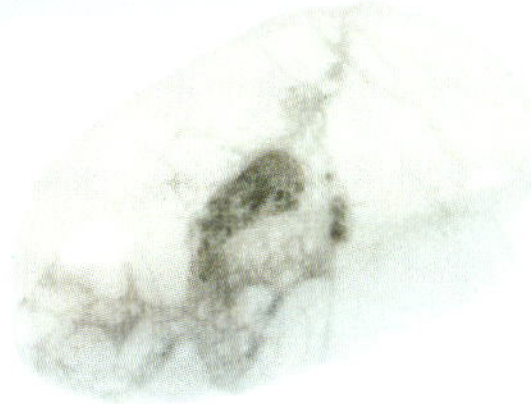

Der Magnesit zeigt dir die Liebe zu dir selbst. Nur wer sich selbst mag, strahlt Freude und Zufriedenheit aus und kann das auch an andere weitergeben. Er hilft bei Kopfschmerzen, Bauchkrämpfen und Muskelkater. Außerdem ist er ein guter Stein, wenn man abnehmen möchte. Dazu solltest du dir mit einem Roh- oder Trommelstein das Trinkwasser bereiten. Er ist auch als gebohrter Stein erhältlich.

SEINE VERWENDUNG:

- im Trinkwasser
- als Anhänger
- im Steinkreis

Malachit

Der Malachit löst Ängste auf und gibt dir das Vertrauen in eine höhere Ordnung, die uns Menschen begleitet. Dadurch fällt es dir leichter, deine Gefühle und Wünsche zu zeigen und eigene Entscheidungen sicher zu treffen. Er wirkt gegen Krämpfe und reinigt die Zellen von Stoffen, die den Körper belasten.

Der Malachit wird oft in geschliffenen und gebohrten Formen angeboten, um ihn als Anhänger zu nutzen.

AUFGEPASST!

Der Malachit darf **nicht** ins Trinkwasser gegeben werden.

SEINE VERWENDUNG:

- am Körper tragen

Marmor

Das Leben besteht wie der Marmor aus hellen und dunklen Zonen. Das ist auch völlig normal, solange diese dunklen Zonen nicht überwiegen. Dann kann Marmor dir helfen, aus deinen persönlichen »Dunkelzonen«, also aus den Zeiten, in denen du traurig oder unglücklich bist, herauszukommen. Wie der Calcit (S. 41) stärkt er nämlich dein Immunsystem und hilft dir beim Wachsen.

Meist ist er nur als Trommelstein erhältlich.

SEINE VERWENDUNG:

- im Trinkwasser (wirkt am besten)

Mookait

Bei einem Ausflug, in der Schule, beim Sport – immer dann, wenn du sehr viele unterschiedliche Sachen machst, wenn ein großes Maß an neuen Eindrücken auf dich einstürmt – kann der Mookait dich unterstützen. Mit ihm verarbeitest du die neuen Erfahrungen schneller und baust so dein Können und Wissen aus. Er wirkt belebend und unterstützt deine Gesundheit. Trage ihn dafür am besten über eine längere Zeit als Kette oder Anhänger. Der Mookait kann ein- oder zweifarbig sein. Bei großen Mookaitsteinen findet man die Zweifarbigkeit häufiger als bei kleinen Steinen.

Der Mookait ist in Form von Schmuck oder als Trommelstein, Handschmeichler und Donut erhältlich.

SEINE VERWENDUNG:

- bei dir tragen
- oft in die Hand nehmen

Moosachat

Oft bekommst du in der Schule Aufgaben gestellt, für die du dir etwas Tolles überlegen sollst. Dabei kann der Moosachat dir helfen. Er fördert deinen Ideenreichtum und deine guten Einfälle. Er wirkt wie ein Schlüssel, der ein Tor öffnet, das zu einer märchenhaften Landschaft führt, in der die Ideen so vielfältig wie Blumen wachsen.

Auf körperlicher Ebene stärkt der Moosachat dein Immunsystem, er ist gut für die Bronchien und die Lymphe.

Seine Schönheit kann er am besten als flach geschliffener Stein entfalten.

SEINE VERWENDUNG:

- immer bei dir tragen

Nephrit

Der Nephrit schützt dich vor Menschen, die dich ärgern wollen. Er stärkt dein Selbstwertgefühl und gibt dir Kraft und Ausgeglichenheit. Sorgen und Spannungen fallen von dir ab. Dies gibt dir den Weg frei für gute Lösungen.

Seine Heilwirkung auf die Niere hat dem Nephrit seinen Namen gegeben, denn »nephro« bedeutet in der Medizin »die Niere betreffend«. Dieser Stein hilft, Nieren und Harnwege gesund zu erhalten.

Er ist als Trommelstein und in Schmuckform erhältlich.

SEINE VERWENDUNG:

- als Anhänger tragen (für seine geistige Wirkung)
- auf die Haut kleben (bei Nierenproblemen)

Obsidian

Der Obsidian gilt als guter Schutzstein, um böse Geister zu verjagen. Bereits die Indianer haben ihn aus diesem Grund als Amulett getragen. Weil er die Wahrnehmung verbessern kann, nutzten sie ihn aber auch als Wahrsagestein. Besonders wichtig ist er für Kinder in seiner Eigenschaft als »Erste-Hilfe-Stein«, wenn du dich zum Beispiel arg erschreckt oder Angst bekommen hast. Du kannst ihn auch einsetzen bei Verletzungen, kleinen Wunden und kalten Füßen.

Es gibt ihn in verschiedenen Sorten, von denen der Schneeflockenobsidian der Schönste ist. Du bekommst ihn als Trommelstein, Donut und in Schmuckform.

SEINE VERWENDUNG:

- bei dir tragen
- in Form von Schmuck
- als Handschmeichler
- im Steinkreis

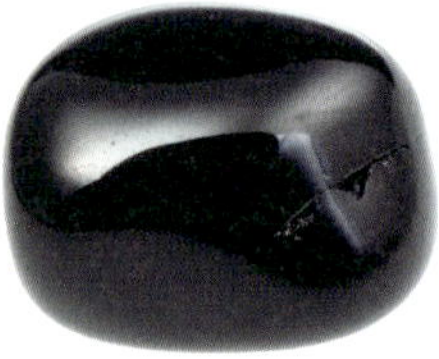

Onyx

Der Onyx verhilft dir zu einem gesunden Selbstbewusstsein und einem sicheren Auftreten gegenüber Menschen, die dich beeinflussen wollen. Du kannst dich mit seiner Hilfe besser durchsetzen und anderen verständlich erklären, was für dich wichtig ist.

Er stärkt alle Sinnesorgane, ist aber vor allem für die Ohren gut. Damit er seine Wirkung voll entfalten kann, wird er auf die Ohren gelegt. Echter Onyx ist inzwischen selten. Achte deshalb gut darauf, dass du nicht aus Versehen einen gefärbten Achat erwischst.

Dieser Stein ist in Form von Schmuck, als Trommelstein und Donut erhältlich.

SEINE VERWENDUNG:

- als Anhänger (wirkt am besten)

Opal

Beim Opal denkt jeder sofort an schillernde Farben und schöne Lichtreflexe. Solche findet man vor allem beim australischen Opal, ein sehr seltener und wertvoller Stein. Es gibt aber auch welche, die einfarbig und undurchsichtig sind. Doch alle haben etwas gemeinsam: Sie können dir Lebensfreude schenken. Mit dem Opal kannst du Angst und das Gefühl, eingeengt zu sein, einfacher abschütteln. Du fühlst dich leichter und traust dich, genau das zu machen, wofür du bis jetzt keinen Mut hattest. Auch wenn dich schwere Gedanken festhalten, kann dir der Opal eine große Hilfe sein.

Der Opal trägt Wasser in sich. Damit erinnert er dich daran, immer genügend zu trinken. Mit ausreichend Wasser können in deinem Körper alle Organe und Muskeln gut funktionieren.

Es gibt ihn als kleine geschliffene Stücke, auch in Schmuck verarbeitet.

SEINE VERWENDUNG:

- als Schmuck tragen

Peridot

Er ist klein, aber fein – der Peridot. Dieser Stein bildet selten große Kristalle aus, aber genau wie in den kleinen hellgrünen Trieben der Bäume steckt die Kraft des Frühlings in ihm: gute Laune, Freude an neuen Dingen und Unternehmungslust vertreiben Trägheit, Kummer und schlechte Träume. Der Peridot regt den Stoffwechsel an, reinigt die Zellen und stärkt die Gesundheit.

Oft wird er in Silberschmuck verarbeitet, aber es gibt ihn auch als Kette oder als einzelnen Stein.

SEINE VERWENDUNG:

- als Kette
- im Trinkwasser (2–3 Steine)

Pyrit

Ein schöner, glitzernder Pyrit wird aufgrund seines Aussehens auch als »Gold der Inkas« oder als »Katzengold« bezeichnet. Bei einigen Urvölkern gilt er als guter Vermögensverwalter, der dabei helfen kann, erfolgreich mit Geld umzugehen. Um diese Kraft zu nutzen, legst du ein kleines Stück Pyrit in den Geldbeutel.

Eine seiner Vorkommensarten ist die sogenannte Pyritsonne. Du kannst sie dir wie eine flache Scheibe vorstellen, auf der Linien eingeritzt sind. Diese Struktur »strahlt« von innen nach außen. Deshalb kann sie einen bestehenden Druck auf den Solarplexus (Körpermitte) auflösen. Dazu legt man die Pyritsonne auf die entsprechende Stelle.

Der Pyrit ist meist als Rohstein erhältlich.

AUFGEPASST!
Er ist **nicht** für das Trinkwasser geeignet.

SEINE VERWENDUNG:

- auf die Haut legen (dabei ein weiches Tuch zwischen Stein und Haut legen!)
- ab und zu in die Hand nehmen (danach immer die Hände waschen!)

Rauchquarz

Der Rauchquarz bewirkt ein stabiles Gleichgewicht deiner Seele. Er ist der wichtigste Stein gegen jede Form von Stress, egal, was diesen ausgelöst hat. Durch ihn verschwinden sogar Stresssymptome, wie Verspannungen, Kopf- und Nackenschmerzen oder Bauchweh. Darüber hinaus stärkt der Rauchquarz deine Nerven. Das Trinkwasser mit ihm hilft besonders gut, wenn du wieder ruhiger werden willst.

Man kann ihn in fast allen Formen kaufen.

SEINE VERWENDUNG:

- als Armband oder Anhänger
- im Trinkwasser

Rhodonit

Der Rhodonit ist ein guter »Erste-Hilfe-Stein« für deine Seele. Er tröstet, löst Ängste sowie Verwirrung und baut dich schnell wieder auf.

Er ist auch wichtig für deinen Körper: Er hilft bei Verletzungen und leitet zum Beispiel Verunreinigungen aus Wunden und beschleunigt so die Heilung. Der Rhodonit lässt Entzündungen abklingen und wirkt schmerzlindernd. Narben kann er beruhigen und abschwellen lassen, wenn sie rot und dick sind.

Es gibt ihn als Handschmeichler und als Schmuck.

SEINE VERWENDUNG:

- bei dir tragen
- auf die Haut kleben

Rosenquarz

SEINE VERWENDUNG:

- häufig bei dir tragen
- im Trinkwasser
- im Steinkreis

Ebenso häufig wie der Rosenquarz in der Natur vorkommt, brauchen die Menschen auch seine heilenden Kräfte. Vor allem für Kinder wie dich kann er ein wichtiger und nützlicher Freund sein. Denn er tröstet dich bei Kummer und Herzensleid und gibt dir deine Fröhlichkeit zurück. Er vermittelt Selbstvertrauen und das Gefühl, geliebt zu werden. Wenn du ihn anderen schenkst, zeigst du daher den Menschen um dich herum, dass du sie gerne magst.

Man nutzt ihn, um schädliche Strahlungen von Elektrogeräten zu mildern oder die Schlafstelle ruhiger zu machen. Dafür benötigt man ein Stück von mindestens 300 Gramm. Den Rosenquarz gibt es in jeder Form.

Lara und der Rosenquarz

Ich war noch sehr klein und hatte das Gefühl, dass Omi die Einzige sei, die mich wirklich lieb hatte. Meine Eltern hatten wenig Zeit, und mein Bruder ist so viel älter als ich, dass er auch nicht immer mit mir spielen wollte. Ich fühlte mich oft alleine. Am schrecklichsten war es, als ich in die Schule kam und sich keiner mit mir anfreunden wollte. Als ich meiner Omi davon erzählte, stand sie auf, ging in ein anderes Zimmer und kam mit einem schönen, rosafarbenen Edelstein an einem Band zurück. »Das ist ein Rosenquarz«, sagte sie, »den schenke ich dir, damit er dir hilft, liebe Freunde zu finden. Trage ihn immer bei dir, vor allem in der Schule.« Sie hängte mir den Stein um, und ich drückte sie an mich, weil sie mir damit half. Danach ging es wirklich leichter, und heute habe ich gute Freundinnen und Freunde. Den Rosenquarz trage ich immer noch gerne.

Rosenquarz, so sanft bist du
und doch so stark zugleich.
Lässt Schönes in mein Herz,
und du machst mich an Freunden reich.
Mit dir zusammen fühl ich mich
so rundherum geborgen.
In meiner Hand, da halt ich dich,
und weg sind alle Sorgen.

Serpentin

Wie eine starke Burg verleiht dieser Heilstein dir Schutz und Sicherheit. Dadurch kannst du zufriedener werden und musst dich nicht mehr über alles ärgern. Du kannst dann in Ruhe all die Dinge machen, die für dich wichtig sind.

Der Serpentin ist gut für die inneren Organe, er entsäuert den Körper und löst Krämpfe.

Es gibt ihn in ganz verschiedenen Arten. Er wird meist als Trommelstein oder in geschliffener Form angeboten.

SEINE VERWENDUNG:

- oft bei dir tragen
- im Steinkreis
- im Trinkwasser

Smaragd

Französische Edelsteinschleifer nannten die Einschlüsse in den Smaragden liebevoll »Jardin«, was übersetzt »Garten« heißt. Stell dir vor, du kommst in einen großen, schönen Garten, in dem die verschiedensten Bäume, Büsche, Gräser und Blumen wachsen. Dies sieht so fantastisch aus, wie du es noch nie gesehen hast. Auf einmal weißt du, wie groß und schön die Welt ist und was für spannende Dinge es für dich noch zu entdecken gibt. Du kannst freier atmen, besser sehen und fühlst weniger Schmerzen. Du bist innerlich wie sauber gewaschen – so wirkt der Smaragd.

Seine leuchtend grüne Qualität ist selten und daher teuer. Meist bekommt man kleine Smaragde als Trommelsteine, die man hervorragend ins Trinkwasser legen kann.

SEINE VERWENDUNG:

- im Trinkwasser

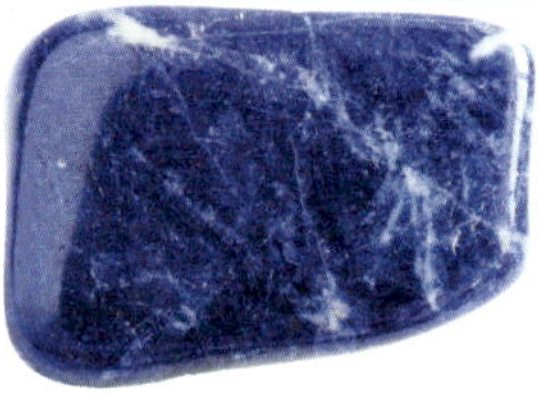

Sodalith

Der Sodalith hilft dir dabei, ganz du selbst zu bleiben – auch dann, wenn andere dich beeinflussen wollen. Mit diesem Heilstein kannst du deine Meinung super vertreten und deinen Mitmenschen zeigen, dass du gut bist, so, wie du bist. Er gibt Ruhe und Ausgeglichenheit, ist gut gegen Halsweh und Heiserkeit und wirkt kühlend bei Fieber.

Im Handel bekommt man den Sodalith fast in jeder Form, zum Beispiel als Trommelstein sowie in geschliffenen und in gebohrten Formen.

SEINE VERWENDUNG:

- als Kette (wirkt besonders gut)
- im Steinkreis

Sonnenstein

Wie sein Name schon sagt, kann dieser Stein Sonne in dein Leben bringen. Im Winter und an trüben Tagen gibt er dir ein bisschen Wärme und Licht. Bei trüber Stimmung lässt er wieder Freude in dein Herz und in deine Gedanken. Er lässt dich Ängste, Kummer und Sorgen vergessen und gibt dir Mut. Und er stärkt das Wohlbefinden deines Körpers.

Der Sonnenstein wird oft in Silber gefasst, aber es gibt ihn auch in günstigen Varianten, zum Beispiel als Handschmeichler, den du gut bei dir tragen kannst.

SEINE VERWENDUNG:

- bei dir tragen und dabei oft in die Hand nehmen
- im Steinkreis

Tigerauge

Kannst du dich manchmal schlecht konzentrieren, weil deine Gedanken ständig woanders hinwollen? Fällt es dir schwer, sitzen zu bleiben und zu lernen oder Aufgaben von Anfang bis Ende ohne Pause durchzuführen? Möchtest du gar nicht über wichtige Dinge nachdenken, sondern dich lieber dauernd bewegen und tausend Sachen machen? Dann ist das Tigerauge der richtige Stein für dich. Mit ihm fällt es dir leichter, dich zu konzentrieren und ruhig zu bleiben. Er hilft dir auch, wenn du schmerzempfindliche Nerven hast.

SEINE VERWENDUNG:

- bei dir tragen (wirkt am besten)

Du bekommst das Tigerauge in verschiedenen Formen. Trage es am besten in allen Situationen, in denen Konzentration erforderlich ist.

Tigereisen

Dieser Stein gibt dir Kraft und Ausdauer. Er hilft gegen Müdigkeit und Unlust, er macht dich fit für den ganzen Tag, indem er dir immer wieder neuen Antrieb gibt und Energie freisetzt. Er hat ähnliche Eigenschaften wie der Hämatit und baut dein Blut auf, es kann dann mehr Sauerstoff aufnehmen und deinen Körper besser versorgen.

Oft gibt es schöne Donuts oder andere Anhängerformen in Tigereisen zu kaufen.

SEINE VERWENDUNG:

- am besten tagsüber tragen
- im Steinkreis

Topas

Diesen besonderen Edelstein gibt es in verschiedenen Farben, vor allem in Gelb, Blau und Weiß. Er zeigt dir wie kaum ein anderer Stein deinen inneren Reichtum. Mit ihm gewinnst du Vertrauen in dich selbst, du erkennst deine Möglichkeiten und wirst sicherer. Sogar deine Schwächen kannst du durch ihn viel besser akzeptieren. Das alles sind gute Voraussetzungen, um selbstbestimmt und selbstständig all das zu schaffen, was du können willst, und natürlich auch, was du von Herzen liebst. Deine Gefühle sprudeln nicht mehr so leicht über, und das merken auch die Menschen um dich herum.

Der Topas unterstützt alle Funktionen im Körper gut und kann dich dadurch auch vor Krankheiten wie Erkältungen oder Entzündungen schützen.

Der blassblaue und der fast klare Topas (Silbertopas) sind etwas günstiger als der gelbe. Es gibt sie als Schmuck und als Trommelstein.

SEINE VERWENDUNG:

- als Anhänger
- im Trinkwasser

Türkis

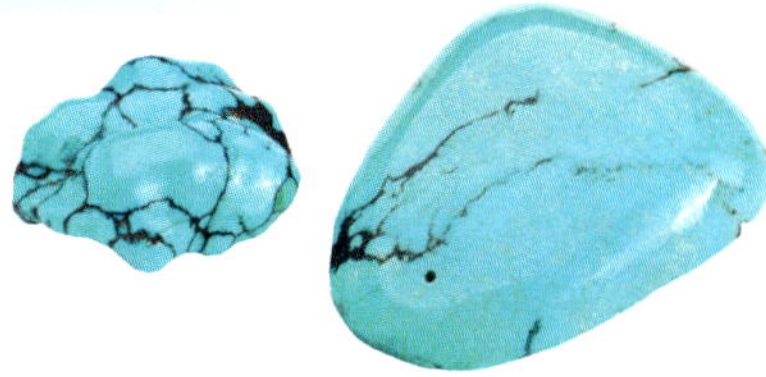

Die Indianer nannten ihn »Himmelsstein« und schrieben ihm hohe Kräfte zu, inzwischen wird der Türkis überall auf der Welt als Schutzstein genutzt. Türkis soll vor allem auf Reisen schützen und seinen Träger sicher und heil ans Ziel bringen. Er ist gut gegen Ängste, lindert Krämpfe und Verspannungen und wirkt entgiftend.

Echter Türkis ist selten geworden. Die Steine, die man heute kaufen kann, sind zwar echt, aber meist mit einem Kunstharz stabilisiert. Ihre Wirkung haben sie dennoch nicht verloren. Es gibt den Türkis meist als Trommelstein oder in Schmuck verarbeitet.

AUFGEPASST!
Er ist **nicht** für das Trinkwasser geeignet.

SEINE VERWENDUNG:

- in die Hand nehmen
- als Anhänger

Turmalin

Wer den Turmalin kennt, der liebt ihn. Er kommt in allen Regenbogenfarben sowie in Schwarz vor. Durch die Farbe erhält der jeweilige Stein seinen Namen. Wegen seiner Vielfältigkeit ist er beinahe für alles einsetzbar, und deshalb ist er auch so wertvoll für die Menschen. Zum Beispiel ist der rosa Turmalin (»Rubellit«) ein guter Freundschaftsstein, der grüne »Verdelith« ist ein vielseitiger und starker Heiler, und der schwarze, sehr häufig vorkommende »Schörl« ist einer der wichtigsten Schutzsteine gegen alles, was dir das Leben schwer machen will.

Manche Farben sind beim Turmalin selten und dementsprechend teuer. Den »Schörl« gibt es aber zum Beispiel in fast jedem Mineralienhandel zu kaufen.

Der Turmalin ist als Rohstein, als Trommelstein und in Schmuckform erhältlich.

SEINE VERWENDUNG:

- bei dir tragen
- zu Hause an einen guten Platz legen

WISSEN, SPIELE & TRAUM-GESCHICHTEN

Wissen

Die Kraft der Farben

Wusstest du, dass Farben Kräfte haben? Sie haben sogar sehr starke. Viele der folgenden Farben siehst du bei unseren Heilsteinen. Meist hat die Wirkung eines Steins auch etwas mit seiner Farbe zu tun. Lass dich ruhig von deiner momentanen Vorliebe für eine bestimmte Farbe leiten. Das hat immer seinen Grund …

Gelb ist hell und hat viel Licht. Die Sonne ist auf Bildern meist gelb, und auch den Sommer verbinden wir mit dieser Farbe. Gelbe Blumen wirken immer sehr freundlich. Bei Gelb denken wir an wertvolle Dinge wie Gold, wenn wir es sehen. Gelb ist für uns die Farbe, die gute Laune und ein sonniges Gemüt ausdrückt.

Rot ist kraftvoll. Es fällt einfach immer auf und wird deshalb als Signalfarbe benutzt. Das bedeutet, dass sie uns vor Gefahren warnt. Sogar manche Tiere und Pflanzen nutzen sie. Insekten zum Beispiel warnen ihre Fressfeinde mit dieser Farbe, weil sie giftig oder absolut nicht schmackhaft sind.

Rot gilt aber auch als Farbe der Liebe. Wer rote Rosen schenkt, zeigt damit seine Verehrung für eine andere Person. Blut ist rot, das Feuer ebenfalls und manchmal sogar die Erde. Rot ist die Farbe, die dir Wärme, Energie und Kraft gibt. Sie macht aktiv und tatkräftig.

Während Menschen in roten Räumen schneller schwitzen, frieren sie in blauen schneller, auch wenn beide Zimmer die gleiche Temperatur haben.

Blau ist die Farbe unseres Planeten. Die Ozeane erscheinen uns blau, ebenso der Himmel. Es gibt aber auch blaue Blumen, blaue Insekten und blaue Vögel. Blau ist von seinem Wesen her eine sogenannte kühle Farbe und gilt deshalb als die Farbe der Konzentration. Das bedeutet, dass Blau dir beim Denken und beim Lernen hilft, deine Gedanken deutlich wahrzunehmen. Diese Farbe besänftigt extreme Gefühle, damit wir nicht von wichtigen Dingen abgelenkt werden und ihnen stattdessen nachgehen können. Mit Blau kannst du dich wunderbar entspannen.

Gelb, Rot und Blau sind die sogenannten Grundfarben, aus denen man alle anderen Farben mischen kann.

Grün lässt sich zum Beispiel aus Gelb und Blau mischen. Grün ist für uns Menschen lebenswichtig, denk nur an die vielen Pflanzen – sie sind alle grün und versorgen uns mit Sauerstoff, mit Luft. Auch unsere Nahrung ist häufig grün, stell dir nur einen Salat oder eine Gurke vor. Ein Spaziergang im Grünen wirkt außerdem wunderbar beruhigend und ausgleichend auf das Gemüt.

Aus Rot und Gelb kann man Orange mixen. Wenn du jetzt die Wirkung der beiden Grundfarben zusammennimmst, hast du tatsächlich die typische Wirkung von Orange. Die mächtige Kraft der Farbe Rot mit der fröhlichen Leichtigkeit der Farbe Gelb ergibt die Tatkraft und gute Laune, die Orange vermittelt.

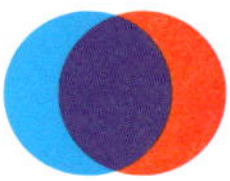

Eine weitere Mischfarbe ist Lila, die bekommst du, indem du Rot und Blau vermischst. Lila ist eine typische Übergangsfarbe. Wenn sich bei einem Sonnenauf- oder Sonnenuntergang der Himmel färbt, ist oft ein zartes Lila dabei. Violette Blumen wirken im Garten oft als Vermittler zwischen den anderen Farben – das lässt blaue, gelbe und rote Blumen noch mehr strahlen. Lila steht daher für Umwandlung und Entwicklung.

Vermischst du alle Farben aus deinem Wasserfarbkasten, bekommst du Braun. Das steht für Erdverbundenheit und den Sinn für die Wirklichkeit.

Alle Farben in Form von Licht ergeben zusammen weißes Licht, das für Reinheit und Klarheit sorgt. Nimmt man alles Licht weg, erhält man Schwarz. Das bietet Schutz und steht für Verborgenes.

Botschaften auf Stein

Die Menschen sind schon ulkig. Sie schreiben und malen auf fast alles, was ihnen in die Hände kommt. Sogar auf Stein. Das hat natürlich einen großen Vorteil, denn das, was jemand in einen Stein hineinritzt, kann man in 1000 Jahren noch erkennen. Schon die alten Kelten und Wikinger haben das gemacht. Sie hatten ein eigenes Alphabet mit ganz besonderen Schriftzeichen, die man Runen nennt. Wir wissen heute deshalb so viel darüber, weil sie ihre Runen wie gesagt meist in Stein ritzten.

Was die Menschen im Himalaja machen, ist auch unglaublich. Dort findest du fast überall sogenannte Mani-Steine. In sie haben Menschen Gebetsformeln eingemeißelt. Die Mani-Steine gibt es zu Tausenden in allen Größen und Formen. Sie sind teilweise zu Mauern aufgetürmt, die bis zu zwei Meter hoch und manchmal sogar mehrere hundert Meter lang sind. Am häufigsten steht darauf »Om mani padme hum«. Damit wird die höchste Gottheit um Beistand auf dem Weg zur Weisheit angerufen.

Hier in Europa, genauer gesagt in Deutschland, wurde Ende des 19. Jahrhunderts die Lithografie erfunden. Das ist eine Technik, mit der man ein Bild auf Stein vorzeichnet, dies bearbeitet und dann auf Papier druckt. Etwas älter ist die Technik, ganze Bilder und Wappen in edle Steine zu gravieren und diese dann als Anhänger oder Ring zu tragen. Vor allem Könige und andere Adlige haben sich ihr jeweiliges Wappen in Stein gravieren lassen und es dann in Siegelwachs gestempelt.

Der Stein der Weisen

Stell dir vor, es gäbe etwas, was aus jedem Metall, das du kennst, Gold machen könnte. Aus den Kochtöpfen in der Küche, aus dem Besteck und sogar aus der Alufolie. Dann wärst du auf einen Schlag unermesslich reich! Aber denk mal darüber nach: Wenn es so etwas gäbe und jeder es hätte, würde jeder Unmengen von Gold machen können. Dann hätte es keinen großen Wert mehr, denn es würde so häufig wie Plastikmüll vorkommen.

Oder stell dir vor, es gäbe ein Elixier, das dir und allen anderen die ewige Jugend geben würde. Dann würdest du nie älter werden und könntest 500, ja, sogar 1000 Jahre leben. Wäre toll, denkst du? Dann würden aber in wenigen Jahren so viele Menschen auf der Welt leben, dass unser Planet uns nicht mehr ernähren könnte, und wir würden verhungern. Doch nicht so super, oder?

Trotz allem suchten bereits die gelehrtesten Wissenschaftler und Forscher ernsthaft nach einem Mittel, mit dem man diese zwei Wunder vollbringen könnte. Diese Wissenschaftler waren die sogenannten Alchemisten, und das Mittel bezeichneten sie als »Stein der Weisen«. Du kannst dir nicht vorstellen, was die Alchemisten alles taten, um diesen Stein zu finden. Hunderte Jahre lang mixten, trennten, zerschlugen und schmolzen Generationen von ihnen fast alles, was ihnen in die Finger kam, aber den Stein fanden sie nicht. Das ist ein großes Glück für uns, denn sonst wäre längst das passiert, was ich anfangs erzählt habe.

Was bedeutet »weise«? Es steht für klug und fähig sein, für vernünftiges Denken und Handeln. Warum beinhaltet aber der Stein der Weisen dieses Wort, wenn er uns so wenig guttun würde? Wahrscheinlich, weil er sich von den Menschen nicht finden lässt!

Edelsteine hingegen kannst du finden. Bei einem klugen Umgang mit ihnen zaubern sie zwar kein Gold, aber sie können dir jeden Tag helfen, dein Leben ein bisschen zu verschönern.

Mineralien und Edelsteine selbst suchen

Vielleicht hast du dir schon mal vorgestellt, wie schön es wäre, einmal selbst Mineralien oder sogar Edelsteine zu finden. Das ist durchaus möglich, sogar hier in Deutschland. Klar, hier gibt es so viele Menschen, dass für Edelsteine nicht mehr allzu viel Platz ist, und wenn, hat da ein anderer bestimmt schon danach gesucht. Hast du trotzdem Lust dazu? Dann bekommst du hier ein paar gute Tipps.

Mein wichtigster Tipp gleich zu Anfang:
Starte mit einem Tagesbesuch oder einem Kurzurlaub zusammen mit deinen Eltern in einer eigens dafür angelegten Edelstein-Erlebniswelt. Rund um Idar-Oberstein in Rheinland-Pfalz gibt es solche Einrichtungen mit unterschiedlichen Möglichkeiten. Schau doch mal mit deinen Eltern im Internet auf www.edelsteinland.de unter »Angebote« und »Schatzsuche im Edelsteinland«. Dort kannst du gefahrlos nach Steinen suchen, bekommst dazu eine Menge Informationen und triffst obendrein noch andere Kinder mit der gleichen Freude an schönen Steinen. Zumeist kann man sich dort auch das nötige Werkzeug leihen. Nur die robuste Kleidung solltest du von zu Hause mitbringen, denn nach Mineralien buddeln kann ganz schön staubig machen.

Wenn dir das gut gefallen hat, könnte dein Interesse geweckt worden sein, vielleicht noch woanders auf Edelsteinsuche zu gehen. Hier in Deutschland kommen beinahe überall Mineralien-Fundstätten vor. Um sie aufzuzählen, wäre das Buch zu klein. Doch es gibt Informationen dazu im Internet und in Büchern. Schau mal auf die Webseite www.mineralienatlas.de

unter »Lexikon«, »Fundstellen« und »Deutschland«. Dort findest du ausführliche Listen.

Deine nächste Frage lautet sicher: Wo fange ich denn an zu suchen?

Gute Chancen bieten sich auf Bergen, dort, wo verschiedene Gesteinsschichten aufeinandertreffen, oder an Stellen, an denen die Verwitterung einiges an Vorarbeit geleistet hat. Gemeint ist, wenn Frost die Steine auseinandergesprengt hat, sich größere Felsstücke vor Kurzem bewegt haben oder der Regen bestimmte Stellen ausgeschwemmt hat. Meist geschieht das im Winter und im Frühjahr, nach der Eisschmelze sowie nach starken Regenfällen. Dann finden sich die neu hervorgetretenen Steine nicht nur an den besagten Stellen, sondern auch in den nahen Bächen und Flüssen.

Aber egal, ob auf einem Wanderweg oder an anderer Stelle – es ist immer ratsam, vorher zu klären, ob dort Steine weggenommen werden dürfen. Die Gemeinde kann darüber Auskunft geben.

Bei dieser Art von Edelsteinsuche sollte natürlich immer ein Erwachsener dabei sein. Für deine Ausrüstung brauchst du zunächst einmal robuste Schuhe mit gutem Profil, sicherem Schaft und wenn möglich Verstärkung über den Zehen. Stabile regenfeste Kleidung ist auch wichtig, ebenso Handschuhe und ein Beutel für die Fundstücke. An Werkzeug dürften für den Anfang ein Geologenhammer, eine Handschaufel und ein Meißel genügen.

Viel Erfolg!

Spiele

Wusstest du, dass sich Steine wunderbar zum Spielen, Basteln und Krafttanken eignen? Auf den nächsten Seiten sind sicher ein paar tolle Ideen für dich dabei.

Solitär

Es gibt endlos viele Möglichkeiten, »Solitär« zu spielen. Ich möchte dir hier die Spielart erklären, die ich am liebsten spiele.

MATERIAL:

- 33 Mulden oder Felder
- 32 gleich große Steine, zum Beispiel Trommelsteine

Vorbereitung:

Zeichne ein Kreuz, so, wie auf dem Bild. Es hat 33 Felder bzw. Mulden. Bis auf das mittlere Feld sind alle Felder mit Steinen besetzt.

So funktioniert es:

Deine Aufgabe ist nun, durch Überspringen von Steinen die Felder zu leeren. Zum Schluss sollen so wenige Steine wie möglich übrig bleiben. Bei jedem Spielzug darfst du dir einen Stein aussuchen, mit dem du dann nach oben, nach unten, nach links oder nach rechts über einen anderen Stein springen kannst.

Das Nachrücken mit anderen Steinen ist nicht erlaubt, ebenso darfst du nicht diagonal oder über mehrere Steine springen.

Beispiel:

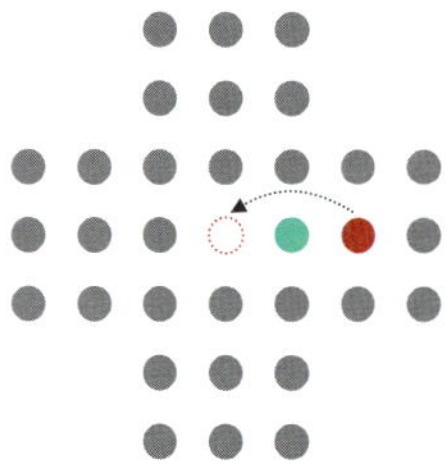

Bild 1: Du nimmst den rot gekennzeichneten Stein und überspringst den grünen. Somit landest du mit dem roten Stein auf dem Feld in der Mitte. Den übersprungenen grünen Stein nimmst du aus dem Spiel.

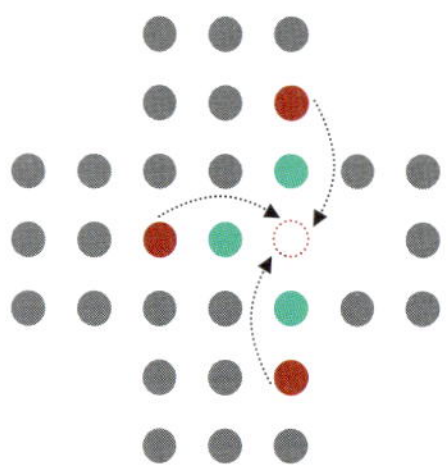

Bild 2: Nun hast du schon 3 mögliche Züge, von denen du einen wählst und wieder einen Stein überspringst, den du dann vom Spielfeld nimmst.

So geht es Zug um Zug weiter, und ein Stein nach dem anderen verschwindet vom Spielfeld. Anfangs werden wahrscheinlich noch viele Steine liegen bleiben, die nicht mehr übersprungen werden können, aber mit der Zeit findest du heraus, wie du immer mehr Steine durch deine Züge aus dem Spiel nehmen kannst. Ziel ist, am Ende des Spiels nur noch einen einzigen Stein in der Mitte des Spielfeldes liegen zu haben. Viel Erfolg!

Ketten selbst gemacht

Ketten zu fädeln, ist gar nicht so schwer. Damit sie schön aussehen und lange halten, gebe ich dir hier eine kleine Anleitung:

MATERIAL:

- gebohrte Steinperlen
- Fädelseide (oder Fädeldraht)
- Quetschkapseln
- 1 Öse und 1 Verschluss
- 1 Maßband
- 1 kleine Zange
- etwas Alleskleber
- 1 Unterlage, auf der die Perlen nicht wegrollen können

So funktioniert es:

Als Erstes misst du aus, wie lang die Kette werden soll. Dann legst du die Perlen auf deiner Unterlage in die Reihenfolge, in der du sie auf der Kette haben möchtest. Nachdem du einen Knoten am Ende deiner Fädelseide gemacht hast, ziehst du eine der Quetschkapseln mit der Öffnung nach unten auf, sodass der Knoten darin liegt. Jetzt kannst du die Perlen auffädeln. Nachdem alle Perlen auf dem Faden sind, prüfe noch mal die Länge. Als Letztes kommt die Kapsel mit der offenen Seite nach oben auf den Faden, bevor du den Knoten machst. Mit einem kleinen Tropfen Alleskleber auf den Knoten können diese nicht mehr aufgehen. Schneide den Restfaden ab, und drücke die Kapseln mit der Zange zu. Nun brauchst du nur noch die Öse und den Verschluss einzuhängen, und fertig ist deine eigene Kette.

Bild aus Steinen

MATERIAL:

Je nach Größe des Bildes brauchst du:

- 2 bis 3 Päckchen Trommelsteine in bunten Mischungen
- 1 Rahmen
- 1 Stück Pappkarton
- 1 Tube Alleskleber
- 1 Stift
- 1 große Schale
- mehrere kleine Schalen

Vorbereitung:

Lege zuerst den Rahmen auf den Karton, und zeichne mit dem Bleistift seine Innenseiten nach. Suche dann das Motiv aus, das du legen willst, und zeichne es als Umriss auf den Pappkarton. Für den nächsten Schritt brauchst du etwas Geduld. Schütte die bunten Trommelsteine in die große Schale, und sortiere sie nach Farben in die kleinen Schalen.

So funktioniert es:

Mit dem Alleskleber ziehst du ein Stück der Umrisslinie nach und klebst dunkle Steine darauf. Damit fährst du fort, bis alle Linien beklebt sind. Prüfe zwischendurch immer wieder, ob der Rahmen noch rundherum passt. Nun füllst du die Zwischenräume mit den Farben, die du darin haben möchtest. Benutze dabei so viel Alleskleber, dass der Stein gut hält, aber nicht so viel, dass er völlig darin versinkt. Lege danach etwas Gerades und Schweres (zum Beispiel ein Holzbrett) auf das Bild, um zu verhindern, dass es sich beim Trocknen verzieht. Lass es bis zum nächsten Morgen trocknen. Dann kannst du das Bild in dem Rahmen befestigen und es an die Wand hängen. Fertig!

Übrigens:
Mit ein bisschen Geschick oder Übung kannst du statt der dunklen Umrisslinien auch wundervolle Farbverläufe legen.

Kalaha

So heißt ein Spiel aus Afrika, das du wunderbar mit Steinen spielen kannst.

MATERIAL:

- 12 kleine Mulden oder Schalen
- 2 größere Mulden oder Schalen
- 36 oder 72 Steine

Vorbereitung:

Du spielst dieses Spiel mit einem Gegner, der dir im besten Fall gegenübersitzt. Stell die 12 kleinen und 2 größeren Mulden oder Schalen so wie auf der Abbildung auf. Die großen Mulden an den Seiten werden auch »Kalaha« genannt. Dein eigenes Kalaha ist immer auf deiner rechten Seite.

Die Startaufstellung:

3 oder 6 Steine werden in jede der 12 kleinen Mulden gelegt.

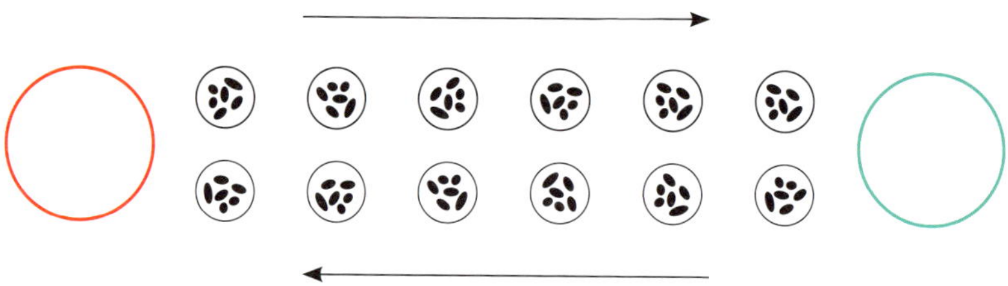

Gewinner ist, wer bei Ende des Spiels die meisten Steine in seinem Kalaha hat.

So funktioniert es:

Knobelt aus, wer anfangen darf. Wenn du am Zug bist, leerst du eine deiner 6 Mulden vollständig und verteilst die Steine reihum in Pfeilrichtung. Du legst jeweils einen Stein in jede nachfolgende Mulde. Dabei wirfst du auch einen in dein eigenes Kalaha (türkis), wenn du daran vorbeikommst. Das Gegner-Kalaha (rot) lässt du aus. Kommt der letzte Stein, den du verteilst, in deinem eigenen Kalaha zu liegen, bist du noch mal dran. Fällt dein letzter Stein in eine leere Mulde auf deiner Seite, darfst du diesen Stein und alle Steine aus der gegenüberliegenden Gegner-Mulde in dein eigenes Kalaha legen. Dann ist dein Gegner am Zug.

Das Spiel ist beendet, wenn alle Mulden eines Spielers leer sind. Wenn der Gegenspieler noch Steine in seinen Mulden hat, legt er diese in sein eigenes Kalaha. Jetzt könnt ihr zählen, wie viele Steine jeder in seinem Kalaha hat. Viel Spaß.

Kleine Mühle, Radmühle

Wie bei allen Formen des Spiels »Mühle« spielt man auch die folgenden zu zweit.

MATERIAL:

- 3 helle Steine
- 3 dunkle Steine
- 1 quadratisches Blatt
- 1 Zirkel
- 1 Lineal
- 1 Bleistift

Vorbereitung:

Für die kleine Mühle zeichnest du ein Viereck, das du so unterteilst, wie es das Bild unten zeigt. Auf die Punkte, an denen sich die Linien schneiden (den sogenannten Schnittpunkten), werden später die Steine gelegt. Jeder Spieler erhält 3 Steine – der eine helle und der andere dunkle. Derjenige mit hellen Steinen beginnt das Spiel.

So funktioniert »Kleine Mühle«:

Der erste Spieler setzt einen Stein auf einen der Eck- bzw. Schnittpunkte. Dann ist der zweite Spieler damit dran. Jeder versucht, mit seinen Steinen eine Dreierreihe zu bilden, die kann waagerecht, senkrecht und diagonal sein, das ist die sogenannte Mühle. Schafft das keiner von euch beim Setzen der Steine, fangt ihr an, nacheinander mit einem eurer Steine von einem Punkt zum nächsten zu ziehen. Auf den geraden Linien ist auch das Überspringen von Steinen erlaubt. Ihr zieht so lange im Wechsel mit euren Steinen, bis einer die Mühle fertig hat.

So funktioniert »Radmühle«:

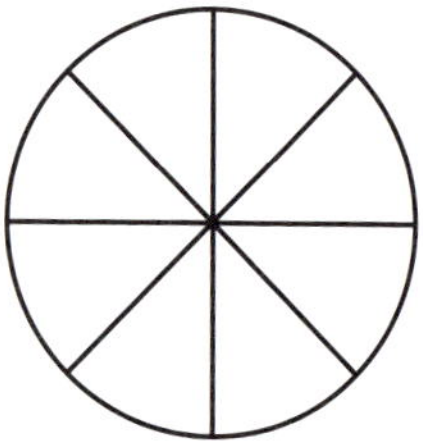

Für das Spiel »Radmühle« zeichnest du einen Kreis, den du mit vier Linien gleichmäßig unterteilst, sodass er wie eine Torte aussieht oder eben wie ein Rad mit acht Speichen. Genau wie bei der kleinen Mühle, spielt jeder Mitspieler mit 3 Steinen, die abwechselnd gesetzt werden. Auch hier habt ihr das Ziel, eine gerade Dreierreihe zu bilden.

ACHTUNG: Hier ist nach dem Setzen nur das Ziehen erlaubt, aber kein Überspringen. Der erste Spieler, der die Mühle fertig hat, hat gewonnen. Viel Spaß!

Mandala

Manchmal stehen wir vor einem Problem und wissen nicht, wie wir es lösen sollen. Oder wir können uns zwischen zwei oder mehreren Möglichkeiten nicht entscheiden. Ab und an geht uns auch etwas wahnsinnig auf die Nerven. In diesen Fällen können Steine helfen, indem wir mit ihnen zum Beispiel ein Mandala legen.

MANDALA »FREI NACH GEFÜHL«

Vorbereitung:

Lege den festen Untergrund vor dich. Suche dir aus einer Handvoll bunter Trommelsteine ein paar gleichfarbige Steine heraus, die all das darstellen, was dir gerade Kopfzerbrechen bereitet, und lege sie auf eine Untertasse. Dies sind deine »Problem-Steine«.

MATERIAL:

- Trommelsteine in 3 verschiedenen Farben, die sich deutlich voneinander unterscheiden
- 1 festen, farblich neutralen Untergrund im Format DIN A4 (zum Beispiel die Rückseite eines Zeichenblocks)
- 3 Untertassen

Dann suchst du dir weitere Steine in einer anderen Farbe heraus, die für die Menschen stehen, die du gerne magst und von denen du Hilfe erwarten kannst (Eltern, Großeltern, Geschwister, Freunde, Lehrer usw.). Das sind deine »Liebe-Menschen-Steine«.

Für die dritte Untertasse wählst du Steine in einer weiteren Farbe, die Dinge darstellen, die dir gefallen. Das können viele verschiedene Sachen sein: schönes Wetter, ein Schulfach, dein Lieblingsessen, ein Spielzeug, ein gutes Buch … Das sind deine »Schöne-Dinge-Steine«.

So funktioniert es:

Schau dir jetzt die 3 Steinhäufchen an. Wahrscheinlich unterscheiden sie sich so stark voneinander, dass du sie gut erkennen kannst. Nun beginnst du, daraus ein Mandala zu legen. Dabei gibt es keine Regel, wohin du welchen Stein legen sollst. Lege die Steine so, wie es dir jetzt gerade richtig erscheint.

Wenn du fertig bist, kannst du genau sehen, wo die Problem-Steine liegen. Vielleicht ergeben sie mit den anderen ein schönes Muster. Das kann bedeuten, dass das Problem dir nicht schaden kann. Wenn dir deine Problem-Steine in deinem Mandala nicht gefallen, dann nimm den heraus, der dich am meisten stört, und ersetze ihn durch einen weiteren »Liebe-Menschen-Stein« oder »Schöne-Dinge-Stein«. Das wiederholst du so oft, bis dir dein Mandala richtig gut gefällt. Das ist dein »Lösungs-Mandala«. Betrachte es ausgiebig, und hebe es einen Tag lang an einem sicheren Platz auf.

MANDALA »NACH BEWÄHRTEN UNIVERSELLEN MUSTERN«

Universell bedeutet, dass diese Muster nicht nur überall auf unserer Erde vorhanden sind, sondern dass es sie sogar im Universum gibt. Gestirne ordnen sich nach ihren Regeln an, ebenso Blumen oder Wasserwellen auf einem Teich. Die Menschen kennen und nutzen diese Muster. Das war in der Steinzeit so, und das tun sie bis heute von Australien bis Island. Da es sehr viele natürliche Mandalas gibt, möchte ich dir hier ein bestimmtes vorstellen, das so vielseitig einsetzbar ist wie kaum ein anderes. Es ist das Mandala mit sechsteiliger Anordnung. Bekanntestes Beispiel: die Blume des Lebens.

MATERIAL:

- 1 fester Untergrund
- 1 Bild von der Blume des Lebens (etwa 20 cm groß)
- 1 Stein für die Mitte
- 6 Steine einer Sorte für den Rand
- 6 Steine einer anderen Sorte für dazwischen

So funktioniert es:

Der Stein für die Mitte steht für dich selbst, die 6 Steine für den Rand symbolisieren das, was du anstrebst, was du erreichen willst, und die Steine dazwischen stellen den Weg zu deinem Ziel dar. Nun überlege dir genau, was dein Mandala bewirken soll.

Ein Beispiel: In der Schule sollst du nächste Woche vor die Klasse treten und vor allen über ein bestimmtes Thema sprechen. Nun möchtest du dein Mandala so legen, dass es dir bei der ganzen Sache helfen kann. Du wählst für die Mitte einen Edelstein für Selbstbewusstsein, zum Beispiel einen Orangencalcit, und legst ihn auf die Blume des Lebens. Er gibt dir die nötige Freude und Entschlusskraft. Die Steine zwischen der Mitte und dem Rand können Amethyste sein für die Klarheit und das Lernen. Als äußere Steine wählst du am besten 6 Chalcedone, die Rednersteine.

Die Bedeutung der Steine auf dem Mandala sprichst du am besten laut aus, während du sie legst: »Calcit in der Mitte gibt mir Selbstbewusstsein und die nötige Kraft. Die Amethyste helfen mir in der Zwischenzeit, gut zu lernen und mich auf das Ereignis vorzubereiten. Und wenn es so weit ist, geht das Reden mit den Chalcedonen ganz von selbst. Danke, ihr tollen Steine. So sei es.«

Danach legst du dein Mandala an einen Ort, wo es nicht zerstört werden kann. Dort lässt du es liegen, bis das Ereignis eingetroffen ist. Hinterher kannst du die Edelsteine waschen und für etwas anderes neu verwenden.

Steinkreis

Ein Steinkreis aus belebend wirkenden Steinen kann viel Energie freisetzen und – wenn er mit Schutzsteinen gebaut wurde – äußere Einflüsse von dir abschirmen. Deshalb kannst du einen solchen Kreis auch gut als Spiel- oder Hausaufgabenfläche nutzen.

Weil die Steine nebeneinander- und sich gegenüberliegen, bilden sie ein Wirkungsfeld, in dem die Energie wie in einem geschlossenen Stromkreis fließen kann. Die Kraft der Steine kann sich entfalten und auf dich übertragen.

MATERIAL:

- mindestens 6, besser sind 10 bis 15 Steine einer Sorte (oder mit einer ähnlichen Wirkungsweise)
- eine freie Fläche auf dem Boden (also kein Durchgang)
- eine warme Decke als Untergrund

TIPP:
Nimm für den Steinkreis am besten nur jene Steine, die in ihrer Beschreibung mit dem Symbol des Kreises gekennzeichnet sind. Denn diese Steine sind so sanft, dass sie selbst bei einem längeren Aufenthalt im Kreis eine verträgliche Wirkung haben. Reinige sie vorher gründlich.

Vorbereitung:

Den ersten Stein legst du auf der Seite eines Fensters auf die Decke und den nächsten direkt gegenüber, in so einem Abstand, dass du dich bequem dazwischenlegen kannst. Strecke beim Liegen deine Arme und Beine weit von dir. Dort, wo deine Füße und Hände hinzeigen, platzierst du die nächsten 4 Steine. Die restlichen Steine legst du so, dass keine großen Lücken mehr bleiben.

So funktioniert es:

Jetzt kannst du dich in deinen Steinkreis setzen oder legen. Schließe einfach die Augen, und versuche, 10 Minuten lang an nichts zu denken und die Steine auf dich wirken zu lassen.

Traumgeschichten

Traumgeschichten sind etwas sehr Schönes. Du kannst dich dabei entspannen und dich in der Geschichte auf eine Reise begeben, ohne zu wissen, wohin sie geht. Selbst wenn du die Geschichte mehrmals hörst, wird sie andere Bilder in deinen Kopf zaubern, sodass die Reise für dich stets neu sein wird. Im Folgenden habe ich ein paar besondere Traumgeschichten für dich zusammengestellt.

TIPP: Falls du einmal keine Lust hast, selbst zu reisen, und lieber nur einer spannenden Erzählung folgen möchtest, findest du hierzu eine besonders schöne Geschichte am Ende des Kapitels.

Mit dem Boot zum Wandelbrunnen

Vorbereitung:
Nimm den Heilstein in die Hand, mit dem du heute auf die Reise gehen willst. Lege dich gemütlich hin, und achte darauf, dass dir warm ist. Lass dir folgende Geschichte langsam und ruhig von jemandem vorlesen, den du magst (Eltern, Großeltern usw.).

Schließe deine Augen, dein Atem geht tief und gleichmäßig. Alles in dir entspannt sich. Deine Füße und Beine liegen ruhig. Deine Arme und Hände tun nichts mehr. Dein ganzer Körper und auch dein Kopf sind entspannt.

Die Reise:

Draußen hörst du jemanden rufen. Du gehst zur Tür und öffnest sie. Zu deiner Überraschung ist da draußen nicht die gewohnte Welt, sondern eine hügelige Landschaft mit saftigen grünen Wiesen, prächtigen Büschen und wunderschönen Bäumen. Staunend gehst du die Treppe hinunter und auf einen schmalen Weg, der sich in einer Entfernung von zehn Schritten gabelt, um nicht in dem klaren, breiten Fluss zu enden, der dort fließt. Ein kleiner Steg befindet sich am Ufer des Flusses, und an ihm ist ein kleines Boot fest vertäut.

Ein Junge und ein Mädchen in dunkelblauer goldbestickter Kleidung sitzen darin und winken dich zum Boot. »Hast du Lust, einen kleinen Ausflug zu machen?«, fragen sie, als du am Steg angekommen bist. »Klar, gerne, aber wer seid ihr?«, erwiderst du. Der Junge antwortet: »Ich bin Lapis und das ist meine Schwester Lazuli. Unsere Reise geht zu der Festung der ewigen Wandlung. Hier ist dein Paddel.« Du steigst ein und nimmst das Paddel in die Hand.

Nachdem Lapis das Seil losgebunden hat, geht es mit kräftigen Paddelschlägen flussaufwärts. Ihr kommt an Wiesen vorbei, auf denen zahme Rehe stehen und euch zuschauen. An den Ufern wachsen Blumen, die wie Edelsteine leuchten, und Schmetterlinge schwirren munter von einer Blüte zur nächsten. Das Wasser des Flusses ist vollkommen klar, sodass du die bunten Fische sehen kannst, die unter euch durch die Wasserpflanzen schwimmen. Lapis und Lazuli singen ein schönes

Lied. Du hebst den Kopf und lässt die warme Sonne in dein Gesicht scheinen. Alles ist gut.

Nach einer Weile taucht vor euch eine große Burg aus weißem Marmor auf. Dort legt ihr mit eurem Boot an und geht hinein. Im Innenhof gibt es einen Brunnen, der zwar kein Wasser hat, aber aus dem ein sich immerfort drehender, warmer Wind emporsteigt, der viele glitzernde Teilchen befördert. Du möchtest eines davon anfassen und bemerkst, dass es nur eine Lichtspiegelung ist. Lazuli sagt zu dir: »Das ist der Wandelbrunnen. Alles, was du auf dem Herzen hast, was dich belastet und was dir Sorge, Angst oder auch Ärger bereitet, also alles, was du loswerden möchtest, wäscht dieser Brunnen weg. Egal, wie schwer die Sorgen sind, du kannst sie hier hineinsprechen. Im reinigenden Aufwind des Brunnens werden daraus diese bunt glitzernden Lichtteilchen, die immer höher steigen, bis sie sich mit der Sonne vereinen.« Lazuli streicht dir zur Aufforderung über die Schulter. Du gehst noch einen Schritt näher und tust das, was sie gesagt hat. Du sprichst die Sorgen laut aus oder denkst sie und wirfst die Worte in den sich drehenden Wind, wo sie wie ein Feuerwerk zerplatzen und bunt glitzernd davongetragen werden …

(Lesepause, je nach Alter und Konzentrationsfähigkeit 1 bis 2 Minuten)

Nun sind all deine Worte zu buntem Licht geworden. Dein Stein, den du bei dir trägst, hat alles gesehen und weiß jetzt, wie es geht. Lapis und Lazuli nehmen dich in ihre Mitte und bringen dich wieder zum Boot. Du fühlst dich herrlich leicht und beschwingt, weil du all das Belastende so einfach losgeworden bist. Das Boot trägt euch flussabwärts, ohne dass ihr paddeln müsst. Die Welt um dich herum sieht jetzt noch viel schöner aus – warm, sonnig und klar. An deinem Haus angekommen, hält Lapis das Boot an und sagt: »Trage deinen Stein ein bis drei Wochen bei dir. Immer, wenn du Sorgen, Angst oder Ärger hast, erzähl es ihm. Er schickt sie dann zum Brunnen, der sie auflöst.«

Du bedankst dich bei Lapis und Lazuli, gehst ins Haus, hier in dieses Zimmer, und legst dich hin. Du spürst die Unterlage, auf der du liegst. Du bist wieder hier, in der ganz normalen Welt. Du atmest drei Mal tief ein und aus. Fühle die Leichtigkeit, die du aus der Reise mitgenommen hast. Nimm deinen Stein in die Hand. Fühle auch seine Kraft, die er für dich mitgebracht hat, und vertraue auf seine Hilfe.

Willkommen zurück.

Flug ins Wünscheland

Vorbereitung:
Nimm deinen Lieblingsstein in die Hand, und lege dich gemütlich hin. Lass dir folgende Geschichte langsam und ruhig von jemandem vorlesen, den du magst (Eltern, Großeltern usw.).

Schließe die Augen, und komme zur Ruhe. Dein Atem geht tief und gleichmäßig. Alles in dir entspannt sich. Deine Füße und Beine liegen ruhig. Deine Arme und Hände tun nichts mehr. Dein ganzer Körper und auch dein Kopf sind entspannt.

Die Reise:
Stell dir einen Vogel vor, der so groß ist, dass er dich tragen kann. Ist es ein Adler oder vielleicht ein Paradiesvogel mit langen gelben Schwanzfedern? Oder ein großer Rabe? Wähle sein Aussehen so, wie es dir gefällt. Der Vogel ist dein Freund. Mit leisen Flügelschlägen nähert er sich und landet sanft neben dir. Er schaut dich an und sagt: »Nimm deinen Stein, und steige auf meinen Rücken. Ich bringe dich heute ins Land der Wünsche.« Du erhebst dich und kletterst auf seinen breiten

Rücken. Seine Federn sind ganz weich. Du weißt genau, dass er dich immer sicher tragen wird.

Mit kraftvollen Flügelschlägen erhebt er sich vom Boden und fliegt hoch über die Erde in Richtung des Wünschelandes. Unter euch seht ihr Felder und Wälder, Straßen und Ortschaften. Dein Vogelfreund gibt dir die Gabe, alles so klar und deutlich zu sehen, wie er es selbst kann. Kleine Wolken ziehen vorüber, und du siehst, dass die Welt unter dir immer schönere Farben zeigt, so, als würde mehr Licht daraufscheinen. Jetzt erkennst du in der Ferne eine Stadt mit vielen bunten Häusern und Türmen aus Edelsteinen. Ihr fliegt näher und geht langsam tiefer. Aus der Mitte dieser Stadt erhebt sich ein besonders großes und prächtiges Gebäude mit einem Turm aus leuchtendem Edelstein. Er überragt alle anderen Türme, und auf diesem einzigartigen Gebäude landet ihr.

Ein Mann wartet dort auf dich, er sieht dich mit gütigen Augen an und sagt zu dir: »Sei willkommen im Wünscheland. Hier, in der Mitte unseres Landes, im Zentrum der Wünschestadt, genau in der Mitte dieses Turmes steht die Wünscheschale. Sie besteht aus klarem Bergkristall, und das Wasser, das sich in ihr befindet, kommt aus den reinsten Bergseen, die du dir vorstellen kannst. Lege deinen Stein hinein. Er kennt den größten Wunsch, den du auf dem Herzen hast, und wird ihn sofort der Wünscheschale erzählen.«

Sobald du deinen Stein in das Wasser gelegt hast, fängt es an, sich zu drehen. Es umrundet deinen Stein, als wolle es einen Reigen mit ihm tanzen. Dann wird seine Oberfläche wieder ruhig und glatt.

»Die Wünscheschale hat deinem Stein eine Antwort gegeben«, sagt der freundliche Mann. »Nimm ihn jetzt heraus, und trockne ihn ab. Siehst du, wie er leuchtet? Trage ihn jetzt eine Weile bei dir. Vielleicht zwei Tage, vielleicht zwei Wochen. In dieser Zeit erzählt er deinem Herzen, was du tun kannst, um deinen Wunsch zu erfüllen.« Mit diesen Worten tritt er einen Schritt zurück, damit die Sonne auf deinen Stein fallen kann. Du nimmst ihn in die Hand und merkst, wie viel Neues und Schönes in ihm ist. Du bedankst dich dafür.

Dein Vogelfreund spannt seine Flügel als Zeichen, dass er Lust hat zu fliegen. Der alte Mann mit den gütigen Augen lächelt. »Ich danke dir für deinen Besuch und wünsche dir eine gute Heimreise«, sagt er freundlich und entfernt sich. Du kletterst mit deinem Stein wieder auf deinen Vogelfreund. So begebt ihr euch auf den Weg durch die klare Luft, zurück nach Hause.

Alles fühlt sich leicht und sonnig an, denn alles ist wunderbar. Immer näher kommt dein Heimatort, das Haus, in dem du wohnst, und schließlich landet ihr hier, in diesem Raum. Langsam steigst du von deinem Vogelfreund, streichelst ihm noch mal über seine schönen Federn, bedankst dich bei ihm und verabschiedest dich. Du legst dich hin, hältst deinen Stein in der Hand und nimmst drei tiefe Atemzüge.

Willkommen zurück.

Die goldene Sonne

Vorbereitung:

Lege dich ganz gemütlich hin, und lege den Stein, der dich heute auf deiner Reise begleiten soll, auf deine Brust, dorthin, wo der Mut sitzt. Lass dir folgende Geschichte langsam und ruhig von jemandem vorlesen, den du magst (Eltern, Großeltern usw.).

Schließe deine Augen. Atme einmal tief ein und aus, und dann entspanne dich. Lass alles los. Du fühlst dich wohl, deine Füße und Beine liegen ruhig, deine Hände und Arme tun nichts mehr. Dein ganzer Körper und auch dein Gesicht sind entspannt.

Die Reise:

Dein Stein verwandelt nun die Welt um dich herum ganz langsam und sanft. Sie wird groß und weit und schön. Auch hier fühlst du dich wohl. Vor dir ist eine Bühne aufgebaut, zu der du sieben Stufen emporsteigst. Noch ist sie leer und einfach gestaltet. Nur im Hintergrund, genau in der Mitte der Bühnenwand hat der Bühnenbildner eine große, goldene Sonne aufgemalt. Du gehst näher zu der Sonne hin. Sie ist wunderschön, hat leuchtende Strahlen, genau so, wie du es dem Bühnenbildner aufgetragen hättest. In der Mitte befindet sich ähnlich wie bei einer Uhr ein Zeiger. Dieser ist ebenfalls aus Gold, er ist mit Ornamenten verziert, und seine Spitze reicht fast bis an den Rand der Sonne. An dieser Spitze ist ein Rubin eingefasst, der Stein, der das Besondere, Unverwechselbare in dir erkennt. Dort, wo bei der Uhr die Ziffern angebracht sind, stehen auf deiner Sonne Worte und kurze Sätze, die alle auf die Talente und das vielfältige Können der Menschen hindeuten. Da steht beispielsweise »singen«, »hoch springen«, »zaubern«, »Geschichten erzählen«, »Freunde trösten«, »tanzen«, »Rechenaufgaben lösen«, »malen« und vieles, vieles mehr. Du weißt nun, dass du den Zeiger selbst drehen kannst und dass oben, dort, wo bei der Uhr die Zwölf steht, dein ganz persönliches Talent beschrieben ist, deine beste Eigenschaft, das, was du am allerbesten kannst und schon lange den anderen zeigen wolltest, wozu du aber vielleicht nicht den Mut hattest. Du weißt, was du heute hier auf der Bühne zeigen möchtest, und genau das erscheint jetzt oben auf der Sonne. Du drehst den Zeiger, bis er dort steht. Und wie von Zauberhand gestaltet sich die Bühne so, wie du sie für deinen Auftritt brauchst. Die Größe stimmt, die Requisiten sind die richtigen, und die Beleuchtung ist auch perfekt.

Doch es fehlt noch das Publikum, deine Fans für das, was du zeigen willst. Du stehst noch immer vor der Sonne. Nun drehe den Zeiger einmal rundherum. Neue Worte und Sätze erscheinen, wie: »großes Theater mit tausend Zuschauern«, »kleine Bühne im Kindergarten«, »Open-Air-Festival«, »Fernsehstudio«, »Wohnzimmerbühne mit Verwandten und Freunden«, »festliche Aula in der Schule«, »Ecke auf dem Sportplatz mit besten Freunden« und vieles, vieles mehr. Du weißt, wie und für wen du heute deine Bühne brauchst. Dort, wo der Satz auf deiner Sonne erscheint, drehst du den Zeiger hin. Nun stehst du auf der richtigen Bühne, vor dem richtigen Publikum, und du weißt genau, es wird alles gut sein. Denn, was du zeigen willst, beherrschst du. Es ist nur dein Publikum da, das dich sehen will und das mag, was du ihm vorführen möchtest. Du freust dich darauf, denn hier und jetzt klappt alles so, wie du es dir wünschst. Nun tritt an den Bühnenrand, und verbeuge dich vor deinem erwartungsvollen Publikum. Du sagst deinen Namen und zeigst nun eine Minute lang, was du kannst.

(Lesepause, je nach Alter und Konzentrationsfähigkeit 1 bis 2 Minuten)

Nun ist deine Darbietung fertig. Dein Publikum ist begeistert und gibt dir Beifall mit Klatschen und Rufen. Es hat allen sehr gefallen. Auch dir selbst. Du verbeugst dich und dankst allen, die da sind. Dann gehst du zurück und drehst dich zu deiner Sonne hinten an der Bühnenwand. Sie leuchtet und strahlt noch mehr als zuvor. Langsam verschwindet das Publikum, die Requisiten, die Bühne. Das ist in Ordnung so. Denn das Wichtigste – die Sonne – bleibt und wird zu einer richtigen, warmen, leuchtenden Sonne am Himmel. Es ist deine Sonne. Du schließt die Augen und lässt dich von ihr bescheinen. Sie wird immer da sein.

Du bist im Frieden mit dir und der Welt. Du atmest tief und gleichmäßig, denkst an nichts. Langsam kommst du wieder hier im Raum an. Du spürst den Stein auf deiner Brust. Er hat alles gesehen, hat dich begleitet. Er hat dir deine Sonne gezeigt, hat dir Mut gegeben, Selbstbewusstsein und Vertrauen in dein Können. Trage den Stein in den nächsten zwei Wochen jeden Tag bei dir. Und immer wenn du Mut brauchst, fasst du den Stein an. Er erinnert dich daran, was du wirklich kannst. Nimm noch mal drei tiefe Atemzüge. Öffne die Augen.

Willkommen zurück.

Blauer Pfeil – eine Indianergeschichte

Vor langer Zeit wurde am Fuße der Berge in einem kleinen Indianerdorf ein Junge geboren. Als der Kleine seinen ersten Atemzug tat, glaubte seine Mutter, einen Pfeil zu sehen, der direkt über ihr in den Lederbehängen des Zeltes, des sogenannten Tipis, steckte. An der Pfeilspitze aus Obsidian war ein leuchtend blauer Türkis angebracht, seine Mitte schmückten Bänder, und an seinem Ende steckten Federn in der gleichen, dem Himmel ähnlichen Farbe. Dieser Pfeil war nicht wirklich da gewesen, sondern eine Vision, die den Namen des kleinen Jungen zeigte. Die Mutter nannte ihn daraufhin »Blauer Pfeil«.

Der Junge wuchs heran, hatte viele Freunde und kam gut mit der Dorfgemeinschaft zurecht. An seinem zwölften Geburtstag sagte sein Vater zu ihm: »Es ist Zeit für dich, die erste Prüfung auf dem Weg des Erwachsenwerdens abzulegen. Gehe drei Tage und drei Nächte allein und ohne Nahrung hinaus in die Natur. Was immer du erlebst, nimm es als Geschenk für dein Leben.«

Am ersten Tag hatte Blauer Pfeil viel Angst – jeder Schatten und jedes Geräusch erschreckten ihn. Am zweiten Tag fing es an zu regnen, und der Hunger war so groß, dass er sogar seine Angst vergaß. Am dritten Tag hörte der Regen auf, und am Himmel erschien ein riesiger Regenbogen. Eine Stimme in ihm sagte: »Such das Ende des Regenbogens.« Er fing an zu rennen, denn er wollte schnell dort ankommen. Und dennoch brauchte er fast eine Stunde, bis er vor einem Berg stand, auf dessen halber Höhe der Regenbogen endete. Blauer Pfeil kletterte hinauf. Die Luft schimmerte dort in allen Regenbogenfarben, und es schien ihm, als würden feine, den Feen ähnliche Wesen um ihn herumfliegen. Unter ihm hatte sich in einer kleinen Felsspalte Wasser gesammelt, und rundherum hatte es die herrlichsten Türkissteine freigelegt. Blauer Pfeil dankte dem Großen Geist für dieses wertvolle Geschenk und sammelte die Türkise ein. Es waren zwölf an der Zahl, genau so viele Geburtstage hatte er bereits erlebt. Nun konnte der Junge ins Dorf zurückkehren.

Weitere sieben Jahre vergingen. Dann verließ Blauer Pfeil sein Dorf abermals, aber dieses Mal wusste keiner, ob er wiederkommen würde.

In dem ersten Jahr seiner Reise hatte er nicht viel Glück. Nichts wollte ihm gelingen. Da erinnerte er sich an seine Türkise und holte sie aus dem Beutel, den er bei sich trug. Er knüpfte die fünf kleinsten Türkise an je einen seiner besten Pfeile, direkt hinter die scharfe Spitze. Weitere fünf Türkise verteilte er im Geschirr seines Pferdes. Aus dem größten Stein machte er sich einen Anhänger. Dann ritt er weiter, und alles war ganz anders: Sein Pferd fand die sichersten Wege und stolperte kein einziges Mal mehr, seine Pfeile verfehlten nie wieder ein Ziel, und die Worte, die er wählte, waren immer gut. Er wurde reich durch seine großen Jagdkünste, und er konnte sich mit den schönsten Federn schmücken.

Eines Tages ritt er in ein Dorf, in dem ihn alle Einwohner begrüßten, denn sein guter Ruf war ihm vorausgeeilt. Die Tochter des Häuptlings verliebte sich in ihn und wurde seine Frau. Ihr schenkte er den zwölften Türkis, und zusammen reisten sie zu seinem Heimatdorf.

In dem kleinen Dorf am Fuße des Berges zischte ein Pfeil über die Köpfe seiner Bewohner hinweg und blieb in den Lederbehängen eines Tipis hängen. Eine ältere Frau kam heraus und sah den Pfeil. An seiner Spitze aus Obsidian war ein leuchtend blauer Türkis angebracht, seine Mitte schmückten Bänder, und an seinem Ende steckten Federn in der gleichen, dem Himmel ähnlichen Farbe. Da wusste die Frau, dass ihr Sohn nach Hause gekommen war.

Wann brauche ich welchen Stein?

Abgrenzung	Serpentin, Türkis, Turmalin (Schörl)
Abnehmen	Magnesit
Aggressivität	Chrysokoll, Serpentin
Aktivität	Granat, Jaspis, Karneol
Allergien	Apophyllit, Aquamarin, Aventurin
Alltag bewältigen	Baumachat
Albträume	Granat, Chrysopras, Obsidian, Peridot
Akzeptanz	Topas
Angriffe	Charoit, Chrysokoll, Nephrit, Türkis, Turmalin (Schörl)
Angst	Amethyst, Apatit, Apophyllit, Charoit, Dumortierit, Glimmer, Koralle, Larimar, Malachit, Obsidian, Opal, Rhodonit, Sonnenstein, Türkis
Anregung	Bergkristall, Moosachat, Smaragd
Anspannung	Citrin, Nephrit
Antrieb	Apatit, Granat, Karneol
Appetit	Apatit, Calcit, Citrin, Karneol
Ärger	Chrysokoll, Lapislazuli, Nephrit, Peridot, Serpentin
Atemwege	Amethyst, Apophyllit, Chalcedon, Flint, Lapislazuli, Moosachat, Smaragd

Aufbau	Calcit, Epidot, Granat, Hämatit, Rhodonit, Tigereisen
Aufgaben bewältigen	Aragonit, Baumachat, Blauquarz, Falkenauge, Fluorit, Granat, Tigerauge
Aufmerksamkeit	Aragonit, Falkenauge, Fluorit, Tigerauge
Aufnahme-bereitschaft	Bergkristall, Flint, Fluorit, Magnesit, Smaragd
Augen	Achat, Aquamarin, Korund (Saphir), Smaragd
Ausdauer	Aquamarin, Baumachat, Granat, Jaspis, Tigereisen
Ausgleich	Heliotrop, Jade, Jaspis, Serpentin, Turmalin
Bauchweh	Amethyst, Bernstein, Citrin, Dumortierit, Magnesit, Rauchquarz
Bedürfnisse	Hämatit, Lapislazuli, Onyx, Rosenquarz, Sodalith
Beklemmung	Apophyllit, Lapislazuli, Opal, Smaragd
Belastung	Amethyst, Moosachat, Peridot, Rauchquarz, Türkis, Turmalin (Schörl)
Belebung	Bergkristall, Epidot, Heliotrop, Peridot, Smaragd, Turmalin (Verdelith)
Beruhigung	Amethyst, Dumortierit, Flint, Heliotrop, Larimar
Besonnenheit	Baumachat, Jaspis, Labradorit
Beweglichkeit	Apatit, Calcit, Fluorit
Beziehungen	Apatit, Flint, Fluorit, Gips, Karneol, Koralle, Magnesit, Nephrit, Onyx, Rosenquarz, Turmalin (Rubellit)
Blase	Achat, Turmalin (Verdelith)
Blockaden	Bergkristall, Labradorit, Obsidian
Blutbildung	Granat, Hämatit, Tigereisen

Blutdruck senken	Labradorit, Lapislazuli
Brandwunden	Aventurin, Chrysokoll
Bronchitis	Blauquarz, Moosachat
Charakterstärke	Diamant
Darm	Amethyst, Dumortierit, Flint, Jaspis, Turmalin (Schörl)
Denken	Calcit, Diamant, Fluorit
Depressionen	Citrin, Granat
Druck	Apophyllit, Nephrit, Pyrit
Durchblick	Falkenauge, Smaragd, Tigerauge
Durchblutung	Hämatit, Obsidian, Tigereisen
Durchhalten	Aquamarin, Granat, Jaspis
Durchsetzen	Diamant, Hämatit, Onyx
Einfälle	Glimmer, Larimar, Moosachat, Smaragd
Einflüsse abwehren	Bergkristall, Heliotrop, Mookait, Onyx
Einschlafen	Aventurin
Empfindlichkeit	Rosenquarz, Serpentin
Energie	Bergkristall, Granat, Hämatit, Karneol, Larimar, Rubin, Tigereisen
Entgiftung	Achat, Aquamarin, Amethyst, Chrysopras, Flint, Glimmer, Heliotrop, Magnesit, Malachit, Nephrit, Peridot, Rhodonit, Smaragd, Türkis, Turmalin (Verdelith)
Entsäuerung	Charoit, Heliotrop, Labradorit, Malachit, Serpentin, Smaragd, Türkis

Entscheidungs-kraft	Bergkristall, Malachit, Nephrit
Entspannung	Aragonit, Amazonit, Aventurin, Chrysokoll, Dumortierit, Fluorit, Magnesit, Malachit, Rauchquarz, Türkis
Entwicklung	Aragonit, Apatit, Bergkristall, Calcit, Marmor, Smaragd
Entzündung	Aventurin, Blauquarz, Chalcedon, Chrysokoll, Korund (Saphir), Smaragd, Rhodonit, Topas, Türkis
Erfolg	Apatit, Labradorit
Erkältung	Baumachat, Bernstein, Lapislazuli, Topas
Erschöpfung	Heliotrop, Moosachat, Peridot, Smaragd, Tigereisen
Familie	Flint, Fluorit, Gips, Karneol, Koralle, Rosenquarz, Turmalin (Rubellit)
Fantasie	Glimmer, Moosachat
Fieber	Bergkristall, Blauquarz, Chrysokoll, Sodalith
Freiheit	Diamant, Smaragd, Turmalin
Freude	Bernstein, Fluorit, Magnesit, Peridot, Rosenquarz, Sonnenstein
Freunde	Apatit, Flint, Fluorit, Gips, Karneol, Koralle, Magnesit, Nephrit, Rosenquarz, Serpentin, Turmalin (Rubellit)
Frieden, innerer	Larimar
Fröhlichkeit	Amazonit, Apatit, Bernstein, Citrin, Karneol, Opal, Sonnenstein
Füße, kalte	Korund (Rubin), Obsidian
Geborgenheit	Bernstein, Chrysopras

Geduld	Aragonit
Gefühle	Chrysokoll, Malachit, Sodalith
Gehör	Onyx
Gelassenheit	Aventurin, Blauquarz, Flint, Magnesit, Turmalin (Rubellit)
Geld (Umgang)	Pyrit
Gelenke	Apatit, Aragonit, Calcit, Fluorit
Gemeinschaft	Apatit, Bergkristall, Flint, Gips, Granat, Karneol, Koralle, Korund
Genesung	Epidot, Rhodonit, Turmalin (Verdelith)
Gesundheit	Baumachat, Bergkristall, Epidot, Hämatit, Heliotrop, Jaspis, Peridot, Turmalin (Verdelith)
Giftstoffe	Achat, Amethyst, Chrysopras, Dumortierit
Gleichgewicht, inneres	Topas
Glück	Achat, Citrin, Türkis
Grübeln	Opal
Hals	Amethyst, Chalcedon, Chrysokoll, Flint, Lapislazuli, Larimar, Sodalith
Hausaufgaben	Bergkristall, Blauquarz, Charoit, Fluorit, Tigerauge
Haut	Achat, Amethyst, Aventurin, Flint, Glimmer
Heimweh	Larimar
Herz	Aventurin, Calcit, Granat, Magnesit, Rosenquarz
Hilfsbereitschaft	Granat, Rosenquarz, Turmalin (Rubellit)

Hoffnung	Epidot, Granat
Husten	Amethyst, Koralle, Lapislazuli, Moosachat, Sodalith
Ideen	Epidot, Glimmer, Granat, Karneol, Labradorit, Larimar, Moosachat, Turmalin (bunt)
Immunsystem	Aquamarin, Aragonit, Baumachat, Calcit, Chalcedon, Charoit, Epidot, Glimmer, Heliotrop, Jaspis, Marmor, Mookait, Moosachat, Onyx, Peridot, Smaragd
Inspiration	Granat, Labradorit, Larimar
Klarheit	Amazonit, Apophyllit, Bergkristall, Chrysokoll, Korund (Saphir), Larimar, Smaragd
Knochen	Aragonit, Calcit, Fluorit, Koralle, Larimar
Konflikte	Chrysokoll, Jaspis, Nephrit, Rhodonit, Rosenquarz
Kontaktfreude	Apatit, Chalcedon, Flint, Gips, Karneol, Rosenquarz, Turmalin (Rubellit)
Kontrolle	Chrysokoll, Falkenauge, Heliotrop
Konzentration	Achat, Amethyst, Aragonit, Dumortierit, Falkenauge, Korund (Saphir), Tigerauge
Kopfweh	Amethyst, Dumortierit, Magnesit, Rauchquarz
Kraft, körperliche	Bergkristall, Calcit, Charoit, Diamant, Granat, Hämatit, Jaspis, Marmor, Mookait, Korund (Rubin), Tigereisen
Kraft, mentale	Baumachat, Bergkristall, Charoit, Diamant, Nephrit
Krämpfe	Amazonit, Blauquarz, Chrysokoll, Chrysopras, Dumortierit, Koralle, Magnesit, Malachit, Rauchquarz, Serpentin, Türkis
Kühlen	Bergkristall, Blauquarz, Chrysokoll, Sodalith

Kummer	Amazonit, Chrysopras, Dumortierit, Marmor, Nephrit, Peridot, Rosenquarz, Sonnenstein
Lebendigkeit	Larimar
Lebensfreude	Bernstein, Citrin, Granat, Hämatit, Heliotrop, Opal, Peridot, Sonnenstein
Lebensmut	Bernstein, Citrin, Dumortierit, Granat, Peridot, Sonnenstein
Leichtigkeit	Aquamarin, Aventurin, Bernstein, Blauquarz, Citrin, Dumortierit, Opal, Peridot
Lernen	Blauquarz, Diamant, Dumortierit, Falkenauge, Fluorit, Peridot, Tigerauge
Lieben können	Rosenquarz
Lunge	Amethyst, Blauquarz, Moosachat, Smaragd
Magen	Achat, Bernstein, Citrin
Manipulation	Amazonit
Motivation	Apatit, Dumortierit, Hämatit, Jaspis, Tigerauge
Müdigkeit	Hämatit, Korund (Rubin), Tigereisen
Muskeln	Magnesit, Opal, Serpentin, Türkis
Mut	Citrin, Diamant, Dumortierit, Granat, Jaspis, Karneol, Lapislazuli, Marmor, Korund (Rubin), Opal
Narben	Rhodonit, Turmalin (Schörl)
Nerven	Amazonit, Aventurin, Bergkristall, Baumachat, Chrysokoll, Diamant, Dumortierit, Fluorit, Falkenauge, Glimmer, Korund (Saphir), Rauchquarz, Tigerauge
Neubeginn	Fluorit, Granat, Peridot

Neurodermitis	Chrysopras
Niedergeschlagenheit	Larimar
Nieren	Nephrit
Offenheit	Apatit, Chalcedon, Flint, Lapislazuli, Turmalin (Rubellit)
Organe	Achat, Opal, Serpentin, Topas
Organisation	Charoit
Probleme	Aventurin, Dumortierit, Rosenquarz
Prüfungen	Amethyst, Bergkristall, Chalcedon, Tigerauge
Realitätssinn	Fossilien, Jaspis
Redekunst	Chalcedon, Lapislazuli
Regeneration	Calcit, Epidot, Granat, Koralle, Smaragd, Turmalin (Verdelith)
Reichtum, innerer	Topas
Reinigung	Achat, Amethyst, Apophyllit, Bergkristall, Jaspis, Smaragd
Reizbarkeit	Aragonit
Rücken	Apatit, Koralle
Ruhe	Aventurin, Baumachat, Blauquarz, Chrysokoll, Jaspis, Tigerauge
Schlaf	Amethyst, Aventurin, Charoit, Larimar, Rosenquarz
Schmerzen	Amazonit, Amethyst, Aventurin, Bergkristall, Bernstein, Charoit, Heliotrop, Malachit, Obsidian, Rauchquarz, Rhodonit, Smaragd

Schock	Obsidian, Rhodonit
Schüchternheit	Diamant, Korund
Schuldgefühle	Jaspis, Rosenquarz
Schutz	Achat, Chrysopras, Fossilien, Gips, Glimmer, Hämatit, Heliotrop, Jaspis, Larimar, Nephrit, Obsidian, Serpentin, Türkis, Turmalin (Schörl)
Schwäche	Hämatit, Sonnenstein, Turmalin (Schörl)
Schwierigkeiten	Aquamarin, Baumachat, Charoit
Sehkraft	Aquamarin, Smaragd
Selbstachtung	Diamant, Granat, Korund, Magnesit, Nephrit
Selbstannahme	Dumortierit, Flint, Magnesit, Nephrit, Rosenquarz
Selbstausdruck	Chalcedon, Lapislazuli, Sodalith
Selbstbestimmung	Diamant, Granat, Korund, Lapislazuli, Sodalith, Topas
Selbstbewusstsein	Citrin, Diamant, Granat, Korund, Nephrit, Onyx
Selbstheilkraft	Epidot, Larimar
Selbstliebe	Diamant, Korund, Magnesit, Nephrit, Rosenquarz
Selbstständigkeit	Baumachat, Topas, Türkis
Selbstvertrauen	Nephrit, Rosenquarz
Selbstverwirklichung	Topas
Sicherheit	Baumachat, Calcit, Diamant, Fossilien, Malachit, Onyx, Serpentin, Topas
Sinnesorgane	Korund (Saphir), Onyx

Situation, schwierige	Aquamarin, Baumachat, Chrysokoll, Dumortierit, Granat
Sonnenbrand	Aventurin, Chrysokoll
Sonniges Gemüt	Citrin, Bernstein, Heliotrop, Sonnenstein
Sorgen	Amethyst, Apophyllit, Aventurin, Bernstein, Chrysopras, Marmor, Nephrit, Sonnenstein
Spannungen	Bergkristall, Citrin, Koralle, Nephrit, Rauchquarz
Stabilität	Baumachat, Fossilien, Gips, Heliotrop, Jaspis, Rauchquarz
Standfestigkeit	Calcit, Fossilien, Jaspis, Karneol
Stärke	Baumachat, Bergkristall, Diamant
Stärkung	Calcit, Epidot, Fluorit, Granat, Peridot, Smaragd, Sonnenstein
Stimmung	Bernstein, Citrin, Dumortierit, Karneol, Sonnenstein
Stoffwechsel	Peridot, Tigerauge
Strahlen	Bergkristall, Rosenquarz
Streit	Chrysokoll, Nephrit, Rosenquarz
Stress	Amethyst, Aventurin, Gips, Rauchquarz, Tigerauge, Turmalin
Sucht	Dumortierit
Tatkraft	Calcit, Granat, Hämatit, Jaspis, Karneol, Mookait, Moosachat, Nephrit, Korund (Rubin), Peridot, Tigereisen
Toleranz	Rosenquarz
Träume, schlechte	Peridot

Traurigkeit	Bernstein, Citrin, Dumortierit, Marmor, Peridot, Rosenquarz, Sonnenstein
Überblick	Falkenauge
Überforderung	Rauchquarz
Übergewicht	Magnesit
Übersäuerung	Heliotrop, Labradorit, Malachit, Serpentin, Smaragd, Türkis
Überwindung	Baumachat, Bergkristall, Blauquarz, Granat, Rauchquarz, Sonnenstein, Tigereisen
Unfall	Obsidian, Rhodonit
Unterstützung	Bergkristall, Dumortierit, Mookait
Veränderung	Granat, Marmor
Verarbeitung	Citrin, Epidot, Mookait
Verdauung	Amethyst, Bernstein, Jaspis, Karneol
Verletzung	Apatit, Obsidian, Rhodonit
Verspannung	Amethyst, Blauquarz, Magnesit, Rauchquarz, Türkis
Verstand	Blauquarz, Diamant
Verständnis	Chalcedon, Fossilien, Granat
Vertrauen	Chrysopras, Dumortierit, Fossilien, Granat, Malachit, Topas, Türkis
Verwirklichung	Labradorit, Serpentin
Vitalität	Baumachat, Granat, Hämatit, Jaspis, Mookait, Korund (Rubin), Tigereisen

Wachstum	Apatit, Aquamarin, Aragonit, Calcit, Granat, Larimar, Marmor, Smaragd
Wahrnehmung	Bergkristall, Dumortierit, Obsidian, Turmalin
Wärmen	Citrin, Gips, Heliotrop, Sonnenstein
Wasserhaushalt	Opal
Widerstände überwinden	Amazonit, Aquamarin, Diamant, Rauchquarz
Widerstandskraft	Baumachat, Epidot, Granat, Heliotrop, Jaspis
Wiederherstellung	Epidot, Koralle, Obsidian
Willenskraft	Epidot, Hämatit, Jaspis
Wissen	Korund (Saphir), Mookait
Wundheilung	Bernstein, Blauquarz, Heliotrop, Obsidian, Rhodonit
Wünsche	Karneol, Malachit
Wut	Amazonit, Serpentin
Zähne	Bernstein, Fluorit
Zellen	Apatit, Aragonit, Calcit, Fluorit, Malachit, Marmor, Peridot, Tigereisen
Ziele	Apatit, Aquamarin, Falkenauge, Türkis
Zorn	Amazonit, Serpentin
Zusammenleben	Flint, Fluorit, Gips, Karneol, Koralle, Rosenquarz, Turmalin (Rubellit)
Zuversicht	Dumortierit, Granat, Magnesit, Moosachat

Über die Autorin

Ulla Rosenberger

Im Rahmen ihrer Ausbildung zur Goldschmiedemeisterin hat Ulla Rosenberger den Zugang zur Geologie, Mineralogie und Gemmologie (Bestimmung von Edelsteinen) gefunden. Im Jahr 1992 lernte Ulla Rosenberger die Heilsteinkunde kennen und beschäftigt sich seither täglich damit. Seit vielen Jahren arbeitet sie im »Schirner Mineralienparadies« in Darmstadt.

Darüber hinaus verfügt sie über eine abgeschlossene pädagogische Ausbildung und arbeitet intensiv mit Kindern im Alter von vier bis dreizehn Jahren.

Bildnachweis

Bilder von der Bilddatenbank www.shutterstock.com:
Schmuckelemente: Kinder: #254814736 (© Katerina Davidenko), Edelsteine: #1529882774 (© masmas)
Weitere Bilder: S. 5,10,14,21,99: #606100733 (© wacomka), S. 8: #277107845 (© Anastasia Tveretinova), S. 11: #1682139928 (© Orla), S. 12: #1845002422 (© Latypova Diana), S. 13: #1672265824 (© Kateryna Omelianchenko), S. 16: #220848883 (© Nikki Zalewski), S. 17: #1783660397 (© Eniko Balogh), S. 18: #1740439442 (© Johana Mlichova), S. 20: #700525249 (© Romrodphoto), S. 20: #1107524681 (© Romrodphoto), S. 22: #629058008 (© stockcreations), S. 23, 93: #676807960 (© Snowbelle), S. 26: #1083221921 (© Jirik V), S. 28: #1529882774 (© masmas), S. 28: #1112569103 (© StockSmartStart), S. 29: #613997069 (© Photo_mts), S. 30: #424314241 (© Jirik V), S. 30: #412923904(© Africa Studio), S. 31: #624406208 (© Africa Studio), S. 32: #1644738745 (© KrimKate), S. 32: #1452681623 (© Napoleonka), S. 33: #1616626813 (© Diego Sugoniaev), S. 37: #1396907681 (© Holly Mazour), S. 38: #1191950596 (© etraveler), S. 39: #181290497 (© mpaniti), S. 40: #1679764714 (© MNStudio), S. 41: #227672062 (© Phodo Design), S. 43: #423720283 (© vvoe), S. 44: #1856724463 (© Collective Arcana), S. 44: #1198036519 (© Mehmet Gokhan Bayhan), S. 45: #1914104251 (© Igor Shoshin), S. 46: #392564920 (© vvoe), S. 46: #1910062270 (© Oscar Lim), S. 47: #1903438696 (© RHJPhtotoandilustration), S. 47: #1216122388 (© Retouch man), S. 48: #1650762286 (© lucky vectorstudio), S. 49: #774586477 (© cocosea), S. 50: #1592028652 (© PANDECH), S. 51: #1644259765 (© KrimKate), S. 51: #206904304 (© verbaska), S. 52: #206934004 (© verbaska), S. 52: #1132846595 (© Holly Mazour), S. 53: #622515176 (© Anastasia Bulanova), S. 53: #753961870 (© Seventy-Four), S. 54: #1181836750 (© Minakryn Ruslan), S. 55: #1595357920 (© olpo), S. 56: #162015587 (© alice-photo), S. 56: #672751645 (© Budimir Jevtic), S. 57: #1192006567 (© The Crystal Girl), S. 60: #1813615510 (© Yes058 Montree Nanta), S. 60: #1616631610 (© Diego Sugoniaev), S. 61: #412285318 (© vvoe), S. 62: #588556175 (© ArgenLant), S. 62: #1069217612 (© Holly Mazour), S. 63: #1628930836 (© vvoe), S. 63: #433987939 (© Miriam Doerr Martin Frommherz), S. 64: #1187386735 (© Alexandra Suslova), S. 65: #1490460548 (© Arzakae), S. 65: #1748678288 (© Arzakae), S. 66: #381418654 (© Ozef), S. 66: #1941538783 (© Marben), S. 67: #1262424661 (© Bjoern Wylezich), S. 67: #1920469964 (© Lillusion), S. 68: #689591827 (© vvoe), S. 69: #393922126 (© Maya Kruchankova), S. 70: #315840098 (© Zelenskaya), S. 70: #416031223 (© Jirik V), S. 72: #544093567 (© yul38885), S. 72: #1587703657 (© vvoe), S. 73: #1855718911 (© Billion Photos), S. 74: #1628889133 (© vvoe), S. 74: #783252124 (© Juergen), S. 75: #1304570119 (© mahirart), S. 75: #1552218932 (© Collective Arcana), S. 76: #1628954989 (© vvoe), S. 76: #1150098029 (© Suwat Sirivutcharungchit), S. 77: #172441715 (© Bildagentur Zoonar GmbH), S. 77: #84480037 (© hlphoto), S. 78: #1628889106 (© vvoe), S. 78: #1868211076 (© Gemstones By Boat), S. 80: #1628923171 (© vvoe), S. 80: #1587703681 (© vvoe), S. 81: #725882080 (© vvoe), S. 81: #206853787 (© verbaska), S. 82: #392147368 (© vvoe), S. 83: #1660204123 (© fizkes), S. 84: #206943814 (© verbaska), S. 85: #1242919024 (© NPDstock), S. 86: #1818858371 (© vvoe), S. 86: #1622355001 (© Helga Grimo), S. 87: #279435365 (© vvvita), S. 88: #1537573034 (© Photo_Pix), S. 89: #503204275 (© miniwide), S. 89: #206931403 (© verbaska), S. 90: #265135853 (© Albert Russ), S. 90: #518979304 (© Roy Palmer), S. 91: #57876739 (© Alexander Hoffmann), S. 91: #277052663 (© Evannovostro), S. 92: #1422061784 (© Minakryn Ruslan), S. 96: #588556175 (© ArgenLant), S. 96: #1644259765 (© KrimKate), S. 96: #423720283 (© vvoe), S. 96: #1198036519 (© Mehmet Gokhan Bayhan), S. 96: #1304570119 (© mahirart), S. 96: #392564920 (© vvoe), S. 98: #136362269 (© Malchev), S. 101: #717940219 (© JGA), S. 102: #1077348305 (© Nyura), S.113: #144072169 (© Peter Hermes Furian), S. 114: #1077169166 (© Holly Mazour), S. 116: #1923152981 (© Oksana Lyskova), S. 120: #135268043 (© Reika), S. 124: #91215068 (© file404), S. 129: #1389529379 (© Julia August)

Illustrationen auf S. 117,121,127,129: © Ulla Rosenberger
Symbole von S. 24: © Simone Fleck, Schirner
Fotografien im Kapitel »Spiele« und Fotografien der Heilsteine (sofern nicht anders angegeben): © Arne Gutowski, Schirner